商务沟通

情商高就是会说话

志舒◎编著

北方妇女儿童出版社

·长春·

图书在版编目（CIP）数据

商务沟通：情商高就是会说话 / 志舒编著. -- 长春：北方妇女儿童出版社，2019. 4 （2022.1 重印）
ISBN 978-7-5585-3257-3

Ⅰ. ①商… Ⅱ. ①志… Ⅲ. ①语言艺术-通俗读物
Ⅳ. ①H019-49

中国版本图书馆 CIP 数据核字（2018）第 291731 号

商务沟通：情商高就是会说话

SHANGWU GOUTONG QINGSHANG GAO JIUSHI HUI SHUOHUA

出 版 人：师晓晖
策　　划：师晓晖　魏广振
责任编辑：关　巍
排版制作：文贤阁
开　　本：880mm×1230mm　1/32
字　　数：120 千字
印　　张：6
版　　次：2019 年 4 月第 1 版
印　　次：2022 年 1 月第 3 次印刷
出　　版：北方妇女儿童出版社
发　　行：北方妇女儿童出版社
地　　址：长春市人民大街 4646 号　　邮　编 130021
电　　话：总编办 0431-85644803　　发行科 0431-85640624
印　　刷：阳信龙跃印务有限公司

定　　价：29. 80 元

——前言——

QIAN YAN

如果智商是一个人的骨架，那情商就是他的皮囊。智商高的人在学习和工作中不是第一就是第二，但是人际关系却令人担忧，虽然能出色地完成任务，但是却得不到晋升。而情商高的人往往人际关系非常好，对人对事处理起来如鱼得水，说话滴水不漏，让每个人都如沐春风，所有人都愿意和他聊天，升职加薪都很顺利。这是因为情商高的人知道什么该说，什么不该说，知道如何说才能让对方感觉舒适。当然说话谁都会，但是将话说得艺术，说得得体，通过说话与他人建立良好的人际关系，却并不是每个人都能做好的。

会说话的人和不会说话的人，过的是不一样的人生。情商高的人，生活总会有贵人相助；情商低的人，路途总是坎坷的。

在生活中，我们总会遇到各种困惑，在面试新工作的时候，想要将工资谈高一些，但是却不知道如何开口；当公司无休止地要求加班或是朋友一而再，再而三地借钱时，不知道怎么拒绝；自以为帮助了他人，换来的却是不理解。

有些人性格直爽，或是仗着彼此的关系亲密，说起话来没有分寸，伤害了他人还不知道。他们将尖酸刻薄当作幽默风趣，将说话没有分寸当作随性，看似口若悬河，其实是夸夸其谈。

有时候，不会说话的人比不会做事的人更让人觉得不受欢迎。会说话的人，即使事情做得不顺利，但也有办法让人觉得心里舒服。但是不会说话的人，即使他好心帮助别人，也往往会吃力不讨好。

有一句话说得好，“你所说的话，实际上就是别人眼中的你。”说好话，好好说话，是一种素养，更是一种习惯。卡尔基曾经说过：“沟通蕴含着巨大的力量，是其他知识所不能相比的，沟通是成就一个人的顺风船。”

情商高的人，说话懂得礼貌，尊重他人，懂得用幽默化解尴尬，不会用语言去伤害他人，能够做到心中有尺，口中有度。对于陌生人，懂得分寸，知道进退，不随意吐槽；对于熟悉的人，也要始终记得不轻易地对他人的生活指手画脚。情商高的人说话不会强行尬聊，不会说得颠三倒四，不会不懂装懂，会坦率地承认自己的错误，不会以自我为中心而从来不考虑他人的感受。

做一个情商高的人，控制好自己的情绪，做事认真，说话真诚，这样，我们想要的一切就会朝着我们走来。

目录

MU LU

第一章　以高情商助力，跟任何人都聊得来

对不起，你聊的话题我不感兴趣 / 002

见人说人话，见鬼说鬼话 / 007

时刻观察，进退有度 / 013

不会跟领导说话的人，十年也不会涨工资 / 018

跟陌生人聊天要学会没话找话 / 023

探望病人，你会寒暄吗 / 029

第二章　饭不能乱吃，话不能乱讲

别哪壶不开提哪壶 / 036

对别人的生活指手画脚，你有资格吗 / 040

你宣扬朋友隐私的样子，真难看 / 044

开玩笑，你把握好分寸了吗 / 048
得理不饶人=没风度 / 053

第三章　尊重，你最美的名片

没有人喜欢命令式的语言 / 060
称呼不得体，谈话未始已先终 / 065
认真倾听，给别人一个说话的机会 / 070
给对方一个台阶下，给自己留条后路 / 076
主动道歉并不会“丢面子” / 081
多说“你”，少说“我” / 086

第四章 你有多幽默，就有多讨人喜欢

用幽默给爱情加点“糖”/ 094
巧学名家，玩转幽默 / 099
幽默巧言入职场 / 104
用幽默反击，让对手无路可走 / 109
自嘲也是一种幽默 / 116

第五章 赞美，拓宽你的朋友圈

夸到点子上，对方心里才舒坦 / 124
别出新意的赞美，才是真的美 / 128
赞美的尺度，你能把握好吗 / 132

领导应学会赞美下属 / 137
巧借第三者，捧人捧得不着痕迹 / 142

第六章　那些年，我们吃了多少不懂拒绝的亏

别让不好意思拒绝害了你 / 150
拒绝并不可怕，可怕的是没有找对办法 / 155
感谢说在拒绝前 / 160
拒绝示爱，也可以不伤人 / 164
怎样对借钱的朋友说“不” / 170
对无休无止的加班说“NO” / 176
这样下“逐客令”才更具人情味 / 180

第一章 以高情商助力，跟任何人都聊得来

▼

对不起，你聊的话题我不感兴趣

你可能会发现，在你与人交谈时，对方常常精力不集中，或是很少给你反馈性的语言，那很可能是因为你聊的话题没有引起对方的兴趣，于是也就无法取得良好的沟通效果。因此当我们与人交谈时，尤其是试图说服别人或是请求他人帮忙的时候，最好从对方感兴趣的话题聊起，这样就会激起对方聊天的欲望，从而加深双方之间的了解，使对方在不自觉中认同我们的观点。寻找合适的话题，不仅能够消除彼此之间的紧张感，还能够给你带来更多意想不到的收获。

郑微是小美的好朋友，她在一家美容机构做销售。一开始的时候，她的业绩很不理想。一天，郑微向小美寻求帮助，说："为什么每次我话还没有讲完，对方就说'不需要，不感兴趣'呢？"

小美听了她的话后说："或许你的方法用错了。在与陌生的客户聊天前，不妨先了解一下对方感兴趣的东西，以此作为双方交流的突破口，然后再有技巧地将话题转移到你的产品上来，这样她同意购买的可能性会大很多。”

有一次，郑微负责跟进一位来店里做过一次美容的女客户，她从多方面打听到了那位女客户的信息。她得知，这位女客户对咖啡文化颇感兴趣，且每周末都会去咖啡店坐上一个小时。

为了接近这位潜在客户，郑微阅读了大量有关咖啡文化的书籍。

一次周末，郑微在咖啡馆和客户“偶遇”。郑微有意将话题往咖啡文化上引，结果俩人聊得越来越投机，颇有一种相见恨晚之感。

郑微见时机成熟，就预备将话题引到自己的美容产品上去，她装作不经意地感慨道：“以前我只是将咖啡当作自己熬夜的必备品，现在是真的喜欢上咖啡了。”

女客户听后便说：“熬夜不是一个好习惯，消耗的都是自己的青春，怎么保养都换不回来的。”

郑微说：“是啊，之前我的皮肤状态真的很差，但是自从用了一款美容产品后，整个皮肤状态得到了很大改善。”

女客户见郑微的皮肤确实嫩白光洁，再加上两个人谈话颇为投机，便询问了有关这款产品的信息，郑微向女客户做了详细介绍，女客户听完真的很心动，便决定购买这款美容产品。

郑微能顺利地拿下订单，要归功于她在寻找话题时懂得投其所好。

所以，在与人交流的时候，尤其是面对陌生的客户时，不妨多了解一下对方的兴趣和爱好，在寻找话题时多投其所好，谈论让他们感兴趣的事情，如此一来，你和别人的交流将会变得更简单，你也更容易达成自己的目的。具体说来，有以下几种做法。

1. 主动询问对方

在与他人交谈时，因不了解对方喜好，不知道聊什么话题的时候，不妨主动询问对方以找到对方的兴趣所在。询问的时候，不要让对方空泛地去谈，最好给对方一些选择。例如，可询问对方喜欢足球还是篮球，喜欢看书还是看电影，喜欢西洋乐还是民族乐。如果对方喜欢足球，就可以和对方谈论世界杯球赛，谈论 C 罗和梅西；如果对方喜欢电影，可以和对方谈论中外电影史，谈论戛纳电影节；如果对方喜欢交响乐，可以和对方谈论贝多芬和莫扎特，谈论维也纳；等等。

2. 在倾听中搜索有利信息

要想深入了解对方，就要耐心地听他人说的话，从他人的话中仔细摘取对方言语中传达的有用信息，准确找到切入点并深入地与对方沟通。

3. 就地取材

如果没有进行准备，也没有问出对方的喜好，也别慌张，不妨就地取材，即兴引入，巧妙地借用此时、此地、此人的某些材料为题，引发交谈。例如，借助当时的天气和周围的环境引出话题；根据对方的年龄、籍贯、穿着等引出话题等。就地取材的优点是灵活自如，关键要做到观察入微、思维敏捷，且能够由此及彼，引发联想。

4. 投石问路

与他人交谈时，可以先提出一些投石式的问题，在略有了解后再有目的地交谈。如在聚会时，便可这样问：“您是某某的同学吧！我听她说你们……”如若有中间人牵线搭桥的话，便可利用中间人的话得知对方的身份、工作单位、兴趣爱好等，再借由这些信息寻找话题。

与他人交谈，最令人尴尬的是不知说什么好，话题找对了，事半功倍，话题没选好，则影响后续的交往。尤其是当我们需要对方的帮助，需要说服对方时，如何让对方对你说的话感兴趣就显得更为重要。

说服他人并不是强行征服他人，人和人之间产生共鸣并没有那么难，情商高的人自然能将话说到他人的心坎上。投其所好，避其所忌，找到对方感兴趣的话题，你就已经成功了一半。

▼

见人说人话，见鬼说鬼话

在我们固有的观念里，“见人说人话，见鬼说鬼话”是含有贬义的一句话，我们觉得这样的人都是没有原则、见风使舵的。

但如果我们换一个角度看，为了与人相处能和谐融洽，还真得掌握“见人说人话，见鬼说鬼话”的说话技巧。每个人的性格、年龄、地位、背景，以及文化水平、思想境界等都不同，因此谈话的时候不能想说什么就说什么，要综合考虑对方的情况，揣测对方的心理，投其所好，主动迎合。

与男人说话时要顾及他的面子；与女人说话时要顾及她的情绪；与老人说话时要顾及他的尊严；与孩子说话时要顾及他的天真；与领导说话时要顾及他的地位；与性情急躁的人说话时要简明扼要；等等。只有综合考虑对方的情况，对症下药，才能取得良好的沟通效果。

朱元璋做了皇帝以后，他过去的一个朋友来到京城找他。这位朋友进宫见到朱元璋就立刻跪下并说："吾皇万岁！当年微臣随驾扫荡芦花府，打破罐州城，汤元帅在逃，拿住豆将军，红孩儿当关，多亏了菜将军。"朋友委婉地描述了当时他们相处的情形，朱元璋听后也依稀记起了当年自己与朋友相处的时光，立刻龙颜大悦，封他为官。

朱元璋另外一个朋友知道此事后想到那时候大家都是一块儿玩的，自己应该也能讨个一官半职，因此也去见了朱元璋。一见面他便说："吾皇万岁！还记得当年我们一起替人家看牛。一天，我们在芦花荡里将偷来的豆子煮着吃。还没等熟，大家就一哄而上抢了起来，连装豆子的瓦罐都打破了，豆子撒了一地，汤也洒在了地上。你只顾着在地上抓豆子吃，却不小心将红草叶子也吞进了嘴里，卡在了喉咙上。还是我想出的办法，让你把青菜叶子一起吃下去，这才让红草叶子也一起进了肚子里……"

他的话实在太直白了，朱元璋听后觉得很没面子，没等他说完，便大叫道："将他拖出去斩了！"

都是朱元璋的朋友，为什么一个被封官，享受高官俸禄，另外一个却身首异处呢？因为被封官的人意识到当了皇帝的朱元璋和以前的朱元璋完全不一样了，因此他谨言慎行、委婉表达，话说得让朱元璋很舒服，而被斩首的人却丝毫不懂得说话的技巧，让朱元璋丢了面子。

俗话说，“弹琴要看听众，说话要看对象”。在与不同类型的人聊天时，要注意哪些事项呢？

1. 和不同状态的人说话

失意之人说起自己的伤心事难免会情绪激动或是言辞激烈，这个时候我们千万别抢白，要懂得聆听，再及时地送上自己的安慰之语。同时，失意之人往往比较脆弱，所以我们说话要更加谨慎，避免说错话、得罪人。类似“我早就告诉过你，你不听，你看，现在吃亏了吧”这种马后炮的话尽量别说，这只会让对方觉得受到了批评和讽刺，情绪会更差。而类似“我随时都会在你身边”“我一定会在背后支持你的”这样的话则能够温暖对方的心灵。

当某人因为某事正得意时，千万不要因为这件事中些许的小瑕疵而泼他的冷水，也许你本是好意提醒他不要得意忘形，但这种行为只会让他的心情一下子由明转暗，这样他可能就会对你抱有怨言，逐渐疏远你。

2. 和不同身份的人说话

与地位较高的人交谈时一定要保持尊敬。对方说话时要集中注意力去听，在对方希望你讲话前不要随意插话；回答对方的提问时，要在保证表达清楚自己想法的前提下使语言简明扼要，尽量不谈题外话；说话要自然，不要过于紧张。另外，你还要展现出你自己的思考与想法，不要只做一个“应声虫”。如果你只知道说“是”，那么对方可能会丧失对你的兴趣。

与地位低于你的人交谈时要庄重一些。有些人在和一个地位低于自己的人交谈时，会显示出漫不经心的样子，因为他觉得和这些人交谈不用多费脑筋进行深入思考，因此便给人随意敷衍的感觉。所以，在这种情况下，你应该庄重、有礼、和蔼，避免那种高高在上的态度，让对方感到你对他的尊重与重视，这样才能更融洽地相处。

3. 和不同性别的人说话

男女性别差异对交谈话题的选择有着不小的影响。通常来讲，男士更关注时事、政治、法律、体育、社会问题、经济动向等，与其交谈时便要从这些方面入手；而女士相对而言更关注孩子、丈夫、生活、消费心得、时尚美妆、风流艳闻等，从这些方面入手更能吸引女性的交谈兴趣。我们应当依据性别选择说话的主题，使沟通更有效。

4. 和不同年龄的人说话

年龄不同，那么思想、文化基础等就定然有所不同，我们在与不同年龄段的人交谈时必须加以区分。

在与老年人交谈时要保持谦虚、恭谨的态度。尊老是我国的传统美德，许多老人的地位也相对较高，他们已经习惯于别人对他们的尊重，因此如果你不能以一种谦虚、恭谨的态度面对他们，他们可能就会产生落差感，对你不会留下好印象。而且老年人接受的学校教育可能远不及你，但他的经验比你丰富得多，保持恭敬的态度，虚心学习，对你而言也是一件好事。

与年轻人交谈时需要更加严谨。年轻人已经能对各种事物进行独立、清晰的判断了，但他们可能还欠缺一些经验，因此当他们向你询问你对于某些事物的看法，而你对这些事物并没有特别独到的见解时，那么你就得小心应付了。不要莽撞地破坏他们的思想，也不要让话超出你的知识范围，让你的论点产生漏洞，否则他们可能会想方设法反驳你，让你下不来台。

5. 和不同性格的人说话

每个人都有自己独特的脾气秉性，因此说话时迎合听话者的脾气、性格，才可能达到“同声相应，同气相求”的效果。

性格外向的人通常脾气变化更快，且会将自己的喜怒展现在脸上，而性格内向的人大多很少产生剧烈的情绪波动，且喜怒不形于色。因此，与性格外向的人交谈时，要更加包容，且不要因为对方看上去大大咧咧就不注意说话方式；与性格内向的人交谈时，要更有耐心，注意循循善诱。

很多人认为说话没什么难的，无论是谁，几乎每时每刻都在和不同的人说不同的话，这说话的“难”究竟从何谈起呢？

俗话说“一样米养百样人”，每个人都是不同的，心理特点、社会地位、语言习惯、生活阅历等有巨大差异，每个人都有着属于自己的独特的沟通方式和风格。情商高的人，到任何场合都能游刃有余，他们会做到知己知彼，把最合适的话说给最合适的人听。

总之，要想成为会说话的人就要针对不同的谈话对象采取不同的谈话方式，真正做到“见什么人说什么话，到什么山头唱什么歌”。

时刻观察，进退有度

拥有高情商的人在与人交谈时会不断观察对方，以对方细微的反应来决定接下来的话题走向或是适时离去。

业务员王雅经常四处拜访顾客，进行上门推销。一次，她与一位客户约定好了拜访时间，想要通过这次拜访拿下这笔生意。不过，事情没有她想象的那样顺利。她在与客户聊天时，发现对方并没有集中精力跟她聊天，还隔三岔五地看看手表，一副心事重重的模样。

王雅不禁想道：客户是不是着急要去做什么事？略微犹豫了一下后，王雅便对客户说："您肯定很忙，我就先不耽误您的宝贵时间了，等您闲暇时再与我联系好吗？请您这几天也仔细斟酌一下这件事。"

客户知道王雅是因为看出自己有事才主动离去的，自己失约是不对的，但是手里的这件事情确实十分着急，便领了王雅的好意，赶紧处理事情去了。在将事情妥善解决后，客户主动联系上了王雅，心情愉悦地和王雅谈论起了业务，最终也签订了合同。

客户虽然在和王雅交谈，但他三番五次看手表的行为很明显地透露出他有事要处理，只不过是不好意思推掉这次谈话而已。此时，如果王雅继续说下去，其实无可厚非，但这样不免会让对方感到烦躁，最后也很难推销出去，而适时结束谈话反而会给对方留下好印象，增加推销成功的概率。

许多人意识到了观察在沟通中的重要性，可却不知道要观察哪些方面，那么以下几点应该对你有所帮助。

1. 从谈论的话题来揣摩对方的基本情况

双方谈论的话题中往往会不知不觉地透露出人的情绪。话题有许多不同的种类，倘若你想知道对方是否有兴趣与你进行深入的交谈，或者想由此对对方的气质等有一个最基本的了解，那么从对方所提起的话题中获取信息就是最直接的方法。

例如，一位经常将话题引向自己家庭的女性，很有可能是一位标准的家庭主妇。在与她交谈时，倘若你总是说起你的工作、你目前的经济状况、你最近迷上了哪本书籍等，很可能会引起对方的反感，对方也就不愿意继续与你进行深入交谈了。而在对方说得兴致勃勃时，你表现出一副倾心静听的模样，却能够轻易取得对方的好感。

2. 从语言习惯来剖析对方的性格特征

语言习惯往往是一个人性格特征的具体体现，措辞上的变化则是人的深层心理变化的外在表现。倘若你在观察和倾听上多下功夫，就能借由对方的话语对对方的性格特征有相对深入的认识，明确对方对哪些话题更感兴趣、更有共鸣。

例如，经常自问自答的人大多更加固执，这类人自信十足，对别人的意见与建议有一定的抵触情绪。在与这样的人交谈时，如果你过多地对他说起自己的观点，对方可能就会不太想继续与你交谈下去。

再如，经常使用肯定句式说话的人大多能力出众，这类人逻辑清晰，处理事务迅速、果断，而且勇于表达自己的看法。与这类人沟通时，倘若你表现得过于怯懦、没有主见，那么对方可能就会认为你不是一个合适的交流对象。

3. 从说话方式来推测对方的真实想法

说话方式通常会或多或少地展现出一个人的感情或意见，只要多加揣度对方的说话方式，即使是十分隐晦的含义也能发现端倪。

例如，语速的快慢是一个人的心态平稳与否的体现。当对某人抱有敌意时，很多人的语速会不自觉地比平时迟缓一些；当心中怀有愧疚之情或是说谎时，语速自然就会比平时快一些。

有鉴于此，我们在和他人交谈时，倘若双方的意见发生了分歧，那么就要注意观察对方的反应。如果对方明显提高了音量或音调，这就意味着他对压倒你势在必得。此时，如果你想要与他继续交谈下去的话，不妨先绕过这个问题或暂时顺着他的意见往下说。否则，你们的交谈很可能不欢而散。

4. 从面部表情来感知对方的情绪

人的心理活动是十分微妙的，但它并不是不可察觉的，面部表情便是窥见心理活动的窗口之一。如果心情愉悦，脸颊的肌肉会相对松弛；相反，倘若心情悲伤或沮丧，自然就会眉头紧锁。

例如，如果对方此时紧锁眉头，看起来十分严肃，那么你将自己身上发生的好事分享给对方，可能无法引起对方的共鸣，因为此时他的心情正糟糕，根本不想与你东拉西扯。相反，如果对方面带喜色、表情轻松，那么此时你与对方聊起发生在自己身上的好事，对方往往会愿意分享你的喜悦。

不同的人有不同的兴趣点，同一个人在不同状态下对同类事物会有不同的反应，我们应该注意观察对方的反应，做到进退有度，展现自己的高情商。

不会跟领导说话的人，十年也不会涨工资

在工作中，有人刚刚工作两个月就涨了工资，有人工作三年了，工资依然一动不动。这并不只与个人能力有关，也与同领导沟通的技巧有关。有的人面对领导不知道怎么开口，又担心自己说错话，故而不敢发表自己的见解，以致常常被领导忽略。也有人在面对领导的时候不知分寸，说一些过于随意、任性的话，导致在公司里越来越待不下去。

刘林毕业于某知名大学的投资管理专业，之后顺利地成为一家投资咨询公司的销售副经理。由于其扎实的专业知识及十足的干劲儿，刘林在某段时间里发展的客户，竟占了公司新增客户总量的一半还多，帮助公司迈上了一个新的台阶。

见此情形，老板感到十分高兴，每次经过刘林身边的时候都会拍拍他的肩膀，而且还经常叫刘林一起去喝酒，有一些外出活动，也会带上刘林。

刘林认为自己与老板已经十分亲近了，而且自己的业绩早已甩了其他人一大截，因此说起话来逐渐变得没大没小、肆无忌惮了。

有一次，由于马虎大意，刘林的业务产生了一些问题。为此，老板特意抽时间跟他谈心道："你是咱们公司的顶梁柱，得为其他人树立起标杆，工作可不能总是这样粗心大意的。"可刘林却说："我给你带来的利润都能顶好几百个这样的订单了，只不过是一点儿小问题，至于这么小题大做吗！况且，我的工作能力这么强，不管到哪里别人都会抢着要，其他老板应该不会跟你似的这么小气吧。"

听了这话，老板也没有再说什么，草草结束了和刘林的对话。

过了一阵子，市场部经理由于个人原因离开了公司，这个职位也空了出来。按能力和业绩来看，刘林被提升为市场部经理本该是顺理成章的事情，可没想到老板却没有这样安排，而是高薪从其他公司挖来了另一个人担任此职。刘林得知后十分不满，他在老板宣布人事调动时当场质问老板道："你是挟私报复，我跟那个家伙比差在哪里了，为什么不让我出任市场部经理？"老板没有多解释什么，直接将一张解聘书递给了他。

刘林自以为跟老板的关系已经十分亲近，便总是没大没小，失了分寸，这样一来，老板虽然嘴上不说什么，但心中一定会对刘林产生不满，而当这份不满积累到一定程度时，就必然会爆发出来，刘林尝到了自己埋下的苦果。

我们在与上司说话时要把握好分寸，对于哪些话可以说，那些话不能提应当做到心中有数。那么具体有哪些不能触碰的“雷区”呢？

1. 不要询问领导的经济收入及财产总额

“女人不问年龄，男人不问钱财。”这是古人为我们留下的处事方法，其中的道理也很容易理解，因为，这种问题往往会引起不必要的嫌疑和猜忌。事实上，正如越美丽的女人越不喜欢别人问起她的年龄一样，越是身家颇丰的领导，越不希望员工询问自己的收入状况和财产总额。

通常情况下，只要收入来源合理合法，那么无论领导身家多少，也都是他们的血汗钱，没有任何不能见光之处。但是，毕竟许多人都认为“财不可外漏”，隐藏自己的财富也是人之常情。更何况，领导，尤其是公司顶层领导，所拥有资产的多寡和经济收入，往往与公司整体的经济实力和商业竞争能力密切相关。因此，在商战中，严守经济实力不外露是关乎企业生存状态的关键要素之一。

但是，有些员工在与领导交谈时，经常会有意无意地问及领导的收入问题和财产总额。虽然这并不是什么商业机密，但这毕竟属于领导的个人隐私，如果员工，尤其是那些与领导还不是很熟识的新员工，过多问及就会产生有刺探虚实之嫌，势必会引起对方的反感，触动领导敏感的神经。如此一来，员工想要在事业上有长足的发展就变得很不容易了。

所以，员工千万不要过多地询问和议论领导的经济收入及财产总额，甚至为显示自我而故意信口胡编、大肆宣传。倘若你有意无意地触犯了这些禁忌，那么一旦被领导发现，对方很可能会因怕你包藏祸心而炒了你的鱿鱼。

2. 不要议论领导的体貌特征

通常来说，人的样貌与身材等都取决于先天条件，也不可能毫无缺陷。而人们对于这些缺陷通常会十分在意。

因此，员工在和领导交谈时，不要对领导的体貌特征说三道四，尤其是不要大肆议论领导的身体缺陷。

例如，谈论的话题不要涉及领导及其配偶的相貌情况、高矮胖瘦等。对此，最恰当的应对之法是：视若无睹，当作什么也没看见。因为一个不慎你就可能被怀疑是居心叵测。而倘若你对其不够完美的地方或是身体缺陷大加议论，很可能会被认为是在故意诋毁对方。

所以，在与领导打交道时，不议论领导及其配偶的体貌特征，往往是躲避无妄之灾的最佳选择。

3. 不要询问领导的婚姻状况

有位法官曾经感慨地说：“婚姻案件是最难以道明个中原委的案件之一。”许多人的婚姻状况从外表上看不出任何问题，但实际上却早已是一团乱麻。所有的婚姻都免不了争吵，都存在不完美的一面。但是，绝大部分人又会隐藏起婚姻中“不幸福”的那一面，这也就是人们经常挂在嘴边的“家丑不可外扬”。如果领导确实家庭幸福，那么略微提起也没什么。但如果他将不幸隐藏在幸福的假象背后，那么贸然提起必然会伤害对方。而我们通常难以切实地了解对方的婚姻状况，因此不要询问、不要提及才是最稳妥的选择。

与领导交谈时的禁忌还有许多，这里就不再一一列举。与领导的相处之道是一门十分精妙的学问，平常多加留心，自己多揣摩，才是更快掌握这门学问的法门。

每个人都会有些忌讳谈及的事情，一旦你犯了忌讳，就会让对方产生不良的情绪。如果对方是你的朋友或是无足轻重的人倒也还好，但如果对方是你的领导就有些棘手了，一个处理不当，你今后也许只能一直原地踏步。

▼

跟陌生人聊天要学会没话找话

与初次相见的人聊天，大多数人往往不知从何聊起。如果双方都闭口不言，便会使气氛变得十分尴尬。所以当身处这种情境时，你应该如何做呢？答案就是：没话找话。

“找话”，顾名思义就是找话题。只要找到让对方产生共鸣的话题，就可以轻而易举地打开“话匣子”，使谈话在轻松愉悦的氛围中持续进行下去。

潇潇是一个事业心非常强的女孩，只是她性格腼腆，不善交际，马上三十了还没谈过恋爱。后来，她的一位同事给她安排了一次相亲，对方是一名警察，名叫李航。因为是初次见面，两个人互相简单介绍了一下后，便陷入了安静而尴尬的气氛当中。

潇潇察觉到场面有些不妙，便情急生智，目光诚恳地对李航说：“警察这个职业在我心里很崇高，你们即使受尽酸甜苦辣，也依然心甘情愿地为国家无私奉献着自己的青春，真的很令人敬佩。”李航一听，脸上便露出了自豪之情，马上接起了潇潇的话题，感觉像是找到了知音一般。李航从事业与追求、人生与抱负、奉献与收获等几个方面阐述了自己对这份职业的理解。

有了第一个话题的铺垫，接下来两个人都畅所欲言起来，彼此之间也有了更深的了解。于是两个小时的约会不知不觉地就过去了。

潇潇在与李航初次约会的“危机时刻”，及时抓住了对方从事高尚的职业这一闪光点展开话题，从而引起了他的共鸣。这样一来，不仅轻松地解除了初次见面的尴尬，还顺便考察了他对事业与人生的追求，达到了加深彼此了解，拉近双方关系的目的。

性格内向的小聪应邀参加了一个聚会，她本来是和朋友一起来的，结果刚到场，朋友突然有急事便匆忙离开了，于是只剩下小聪一个人身处陌生的人群中。她心里非常紧张，也不知道如何向陌生人搭讪。为了缓解紧张与尴尬，小聪打算去拿一杯饮料喝。“你手里的饮料是含酒精的，小心会喝醉呦。”刚拿起一杯饮料的小聪就听到背后有人这么说。小聪回过头，便看到那位善意提醒自己的女孩正端着一杯果汁对她微笑着。“给你喝这个吧！喝果汁对皮肤好。”“谢……谢，你……很懂嘛。”“没有啦，我之前参加过几次这样的活动，所以稍微了解些。”就这样，小聪和这个叫菲菲的女孩聊了起来，菲菲的热情让她们迅速成了好朋友。从那以后，小聪明白了与陌生人交流时打破僵局最好的办法就是主动寻找话题，渐渐学会了如何与陌生人交往。

话题没有优劣之分，是因人、因时、因地而异的。

比如，倘若你对面坐着一位青年男子，电子游戏就不失为一个好的话题。但如果你的聊天对象是一位文质彬彬的女士，大概这个话题就无法引起她的兴趣。如果对方是一位老教师，你可以和他聊聊对学生时代的回忆，或许能使他回想起自己教过的学生们。但如果对方是个实实在在的农民，你就得和他谈论一下今年庄稼的收成了。

因此，要找到一个恰当的话题，首先要对对方的性格、职业、兴趣等方面有一定的了解。

一般好的话题都符合以下几点：至少有一方特别懂；双方都有兴趣；能使交流的空间无限延伸。

大体上，与陌生人初次话题，你可以从以下话题中考虑。

1. 从天气入手

在初次聊天时，为了避免太冒失，你可以找一个日常的过渡性话题，比如评价一下最近的天气：

“今天阳光不错，真适合出去走走。”

“近几天气温骤降，你加衣服了吗？”

这样的话题，不会太唐突，又可以引起对方的注意，拉近双方的距离。

2. 新闻热点或重大事件

世界各地每天都在发生着五花八门的事件。现如今，微博、微信等新媒体的迅速崛起，使得各种新闻事件高速传播着。因此你就以大家都很关注的新闻热点或者重大事件作为讨论的话题，从而获得对方的注意力，使对方乐于说说自己的见解。

3. 生活中发生的趣事或倒霉事

不妨和对方聊聊你在生活中遇到的趣事或倒霉事，比如孩子学会了一句英文，出门逛街却忘了带钥匙，钱包丢在了出租车上，等等。这些生活中的点滴可能会发生在每个人的身上，因此，在交流的时候很容易引起对方的共鸣，使对方深有感触。

4. 了解对方的兴趣，投其所好

关注对方的兴趣爱好，然后找些与对方兴趣有关的话题，从而促使对方想与你继续攀谈。

比如，如果对方热衷于电影，你就可以和他聊聊最近上映的电影；如果对方爱好看书，你就以他所喜欢的书为话题，交流一下从书中得到的体会或启发。

这种话题就如同“抽线头”，会引出对方的话茬儿，使交谈连续不断地进行下去。

5. 以媒介物展开话题

比如，你注意到对方手里拿着或者戴着特别的物品，或者换了一种别具一格的穿着打扮，就可以问他：“这是从哪里买的呢？……看来你在时尚方面是个专家，我不知道自己适合哪种穿衣风格，你能给我提点建议吗？”

对别人显示出兴趣，通过媒介物来引入话题，也可以使双方顺利地交谈下去。

世上无难事，只怕有心人，先花心思找个可以持续交谈的话题聊着，你会发现越聊越有话，其实和陌生人聊天一点都不难。

将陌生人变成无话不谈的朋友，最好的方法就是主动沟通。打破你的恐惧，消除你的顾虑，然后拿出十足的热情，主动找个话题去关心一下对方。一来二去，双方自然就会熟络起来。

▼

探望病人，你会寒暄吗

俗话说："病来如山倒。"生病时是人们十分脆弱也是十分敏感的时刻，因此，当你去探望病人时，一定要注意说话内容和说话方式，多鼓励、安慰对方。

一对夫妻去看望生病的朋友。一进病房，妻子便对躺在病床上的朋友说："你的脸色真好看，完全看不出生病的样子呢！"生病的朋友听到后，脸上顿时有了笑意。

他脸上带有明显的喜悦，不敢相信地问道："真的吗？"于是那位妻子又接着说："当然是真的，我丈夫的脸色还不如你呢！"对方听到后脸上的喜悦更加明显了，不再愁眉苦脸，整个人洋溢着希望与满足。

可见，一些鼓励的话能够让病人快速恢复好心情，善意的谎言要远远好过"说实话"。

探望病人时最忌讳说那些丧气话，如"你今天的脸色怎么这么难看?”“你这病啊，不知道什么时候才能出院”，这种丧气话只能让本就沉闷的病房变得更加沉闷，不利于病人的康复，为病人带去欢笑才是最好的探望病人之道。

有个人，他因旧病频频复发，一年进出医院不下八次。他的老朋友前来看望他，以幽默风趣的方式将自己以前生病住院的经历讲述出来：“我曾经是这家‘监狱’的‘老犯人’，被‘关押’在此处的时间比你还长呢，足足有三年，我对这里的‘狱规’了如指掌。我‘沉着应战’，从来没有放弃过‘越狱’。有时，我‘苏三起解’，自己提着输液瓶上厕所；有时，我‘绝食抗议’，三五天不吃饭；有时，我‘静坐示威’，连续几天晚上睡不着觉，就干坐在床上。三年的时间，一千多个日日夜夜，我就这样度过了。现在我终于‘刑满释放’了！你虽然已经是多次‘进宫’了，但只要像我这样‘不断斗争’，不久就会像我一样‘刑满释放’的!”

这番话将病人逗得哈哈大笑，他的心情也不再压抑，不由得轻松起来，病人觉得自己似乎很快就会“刑满释放”。可见，探望病人时一定要格外注意说话的技巧，欢快的笑声能缓解病人的病情。

每个人在生病期间，内心都会非常敏感，对前来探望的人的言行举止格外在意。因此，在去探望病人时，言行举止要得当，切勿给人一种说话不搭边的感觉。

探望病人时，需要先询问病人的身体状况及治疗效果；

认真地听病人讲述病情，不要心不在焉，一副毫不关心的样子；在与病人交谈时，多说一些轻松、宽慰的话，多开导病人，根据病人的心理状态有针对性地进行安慰，平复其心情，缓解焦虑不安，增强病人战胜疾病的勇气；当病人的病情需要保密时，切勿直接告诉他病情，必要的时候可以给予他“善意的谎言”，不要让病人瞎猜；告诉病人一些相同病症的病人在医生的治疗下完全康复的例子，让病人觉得安心。

元旦期间，公司的员工顾大姐被检查出胃里长了一个小瘤子。陈向元听说医生希望顾大姐尽早手术，但顾大姐却担心手术有风险，害怕手术失败，便一直拖着不去手术。任凭别人怎样劝顾大姐，她都始终不敢踏出那一步。顾大姐身边的人都为她感到着急，但却毫无办法。

陈向元是一个明事理的人，她带着水果前去探望顾大姐，对她说：“顾大姐，您的担心我能理解。我母亲也是这样，几年前，她也被检查出胃里长了一个瘤子，瘤子比你的大得多，一开始她也是担心手术失败，后来经过医生和家人的劝导做了手术，恢复得很快。现在身体特别硬朗，前几天还跟着我父亲去爬山呢！您这个病比我母亲的发现得早，现在治疗恢复效果一定也比我母亲的好。”

顾大姐听了后心里安慰多了，详细问了手术的注意事项后便同意了做手术的建议，不到半年身体便完全康复了。

探望病人最主要的目的便是给予病人信心，消除他们的焦虑与不安，积极地鼓励他们，介绍一些同类病例通过治疗完全康复的事例，或者讲一些和病人病情无关的内容，分散病人的注意力。当病人向你讲述自己的想法时，要认真聆听，适时地安慰，劝慰病人安心，并且积极配合医生的治疗。

探望病人讲究技巧，不注意谈话内容，只会适得其反，探望病人需要什么技巧呢？

1. 要注意病人的病症

患了绝症的人，切勿谈论他的真实病情，万万不能说“怎么会得了这么严重的病？”“你真是不幸啊！”这样的话。即使病人所患并非绝症，谈话时也要注意措辞，与其说：“你的脸色怎么这么难看？”不如温和地说：“今天的脸色比昨天好多了！”与其问：“你是不是经常失眠？”不如较笼统地问：“最近感觉怎么样？”如果发现病人脸色憔悴，不能表现出过于在意的样子，可以以轻松的语气说：“这个医院的医疗条件不错，相信你的病一定会很快好转的。”

2. 要多谈与病情无关的事情

当发现病人不想谈论与病情相关的事时，可以主动讲讲最近发生的新鲜事，转移病人的注意力，将病人从疾病的困扰中解救出来，还可以放一些舒缓的音乐，帮助病人平复心情。

3. 劝导病人安心养病

探病时，介绍一些同类病例通过治疗完全康复的事例，介绍报刊上登载的与疾病积极斗争的人的决心。还可以多讲讲病人的家庭与工作，告诉他一切安好，让病人无后顾之忧，安心养病。

4. 态度诚恳，语调亲切，真情实意

在与病人说话时要注意自己的说话语气，要亲切委婉，真诚有礼，虚假的关怀只会让人心生厌恶。照顾到病人的身体状况，不能长时间地与病人谈话，注意让病人多休息。在谈话时，注意避免大声喧哗。告别时，不可让病人送行，主动询问病人是否有事相托，并祝愿病人早日康复。

探病是为了鼓励、安慰病人，帮助病人树立战胜疾病的信心，因此说话的方式与技巧格外重要，如果掌握不得当就会引起对方的负面情绪，甚至会加重其病情。

“说话”大课堂

明确“WWH”，让你的聊天更有效。

What：聊些什么

聊天不要漫无目的地说，在开始交谈前，你一定要明确想要表达什么，否则会让对方摸不着头脑，自然也达不到好的效果。即使是闲聊，也要本着增进彼此感情的目的去开展你的话题。

When：什么时候聊

和别人聊天时，不能只顾自己的情绪，还要考虑对方是否有时间、有心情和你交流。把握好聊天的时机是关键，尽量选择对方闲暇以及心情平和的时候，这样的聊天才会产生好的结果。

How：怎么聊

聊天内容是多种多样的，我们一定要选择对促进双方关系有利的内容。而有些聊天内容就会给对方带来伤害，比如一味地打击、斥责对方，抓住人家的小辫子一直说个不停等。

第二章

饭不能乱吃，话不能乱讲

别哪壶不开提哪壶

管好自己的嘴巴，不该说的话不说，听起来很容易，但真正能够做到的人却不多。

古人曾经说："十语九中，未必称奇，一语不中，则愆尤骈集……君子所以宁默勿躁，宁拙毋巧。"所以为人处世，务必慎言，因为言多必失。

高情商的人会管好自己的嘴巴，不会乱说、多说，更不会"哪壶不开提哪壶"。

公司的小夏和沫沫关系非常好，但是小夏总是喜欢揭沫沫的短。

沫沫是一个胖胖的女孩，脸上还有雀斑。

小夏时不时地就会拿沫沫的身材和雀斑开玩笑，比如有一次，小夏当着公司所有人的面说："沫沫，今天你是不是没有洗脸呀？脸看起来好脏。"

小夏的话音刚落，沫沫的脸就红了，但小夏愣是看不出来，还笑嘻嘻地继续开玩笑。

沫沫的男朋友是小夏的发小，他们两个人恋爱关系的确立是小夏牵的线。

为了对小夏表示感谢，沫沫同男朋友一起请小夏吃饭。

到了自助餐厅，小夏开玩笑地说："你们也太抠门了，就请我吃自助餐呀！我可是你们的媒人呢！"

听了小夏的话，沫沫和男朋友都感到很尴尬。

沫沫的男朋友笑着对小夏说："呵呵，这也是我们的一番心意啊，我们现在不是正准备买房付首付吗，要养家糊口啊，你理解一下吧！"

谁知道，小夏听了他的话后，不但不见好就收，反而牙尖嘴利地说："得了吧，你当年什么样我还不知道？你前女友小新，你还记得吧。你给她过生日的时候，请我们吃的可是日料呢！上学的时候就是那样，只要是请女孩儿吃饭，花多少钱你都愿意"。

小夏的话刚刚说完，沫沫的脸色马上就变了，拿起包包夺门而出，还为此跟男朋友大吵了一架。此后，沫沫和小夏便疏远了。

由此可见，哪壶不开提哪壶的危害有多大。

真正聪明的人，从来不揭别人的短，更不会戳别人的痛处，或者拽着别人不想提起的话题说个没完。总是这样做的人，总有一天会搬起石头砸自己的脚。

我们在与人交谈时应该尽量避开别人的缺陷、隐私以及别人不想提及的话题，这不仅是尊重他人的表现，更是为人处世的基本原则。

但是，在日常生活中，很多人为了获取存在感，故意将别人做过的蠢事或是丑闻大肆宣扬，当作打发时光的闲聊话题，公之于众；也有些人可能会有意无意地当面提及对方的伤心事，让对方本就不明朗的心情更蒙上了阴影。

无论是哪种情况，都会对人际关系产生负面的影响。

一位姑娘恋情不顺，最终双方和平分手了。

这是她第一次恋爱，因此，尽管是和平分手，心中多少也有些不是滋味。

这位姑娘性格腼腆，这种私密的事情当然也不会向其他人诉说，只告诉了一个极要好的同事。

这位同事看到她总是精神不振，就在办公室里当着众人的面安慰道：“他有什么好，以咱们这样的条件，什么样的找不着！”原本这位姑娘已经渐渐淡忘了这件事，但此刻同事又提起来，而且还是当着大家的面提起的，她心里一下子就难过了起来，于是转身跑出了办公室。

姑娘离开后同事才感到在这样的地方这样来安慰姑娘有些不妥，可话一出口，无法收回，几句安慰话倒造成了彼此的尴尬。

哪壶不开提哪壶非常令人反感，真正情商高的人会时刻注意，绝对不会提起对方不想提起的事情，也不会透露朋友内心的秘密，更不会故意挖苦对方，伤害他的自尊心。

千万不要只顾一时嘴上痛快，而让你的人际关系陷入危机。

对别人的生活指手画脚，你有资格吗

在生活中，总有一些人以自己的嘴为武器，对别人的生活指指点点、说三道四。他们打着“为你好”的旗号，满口仁义道德地诋毁着别人的生活。他们读不懂别人的情绪，一次又一次地在别人的伤口上撒盐。

从一个人的谈吐中，我们可以推测出这个人的性格、素质。总是口无遮拦，妄自评论别人人生的人情商偏低，缺乏对他人的理解，想到什么就说什么，往往是聊天的终结者，不讨他人喜欢。

莉莉的二姨就是这样一个人。

在一次家庭聚会中，莉莉一家人很高兴地吃饭、聊天。

期间，莉莉的二姨打趣说：“莉莉该找个对象了，整天看别人成双成对的，你心里不酸啊？”

莉莉笑笑回答道：“还没有遇到合适的人。”

听到莉莉的回答后，二姨一脸不认同地说："什么叫没遇见合适的？不过是你眼光太高了，都什么年纪了还挑三拣四的？当心挑到最后没人要你了。"

听到二姨这样说，莉莉心里感觉很不舒服，心想：我想要和适合自己的人共度一生，这有什么错？自己的人生为什么要被别人指手画脚？

表妹看气氛有些尴尬，赶忙说道："结婚毕竟是人生大事嘛，仔细一点总没错的，相信最好的一定在后面。不像我，恋爱谈得马马虎虎，就说我男朋友吧，每年过生日不是送包就是送香水，一点创意也没有。"

莉莉对她说："行啦，别撒狗粮了。是谁上次说自己想要那瓶香水好久了，人家都记在心里呢，我看你都舍不得用呢！"

身边的亲戚们也纷纷打趣说表妹的狗粮撒得他们猝不及防。

在这其乐融融的气氛下，二姨又出来唱反调。她说："什么牌子的香水啊？特别贵吧。你们这些年轻人花钱就是大手大脚的，有这个钱做什么不好，打扮得花枝招展的有什么用？"

这句话一出，饭桌上的气氛再一次陷入了尴尬，表妹一家人的脸色也变得很难看。

就像这样，二姨总是习惯性地对他人的生活指手画脚，将自己的想法强加在他人身上。她这样做在不经意间得罪了很多人，使得大家都不喜欢和她聊天。

也许二姨内心的出发点是好的，可是她说话太直，常常让人面子上挂不住，如此一来，好心反而办了坏事。更重要的是，二姨又不是全知全能的智者，凭什么认为自己一定是对的呢？

生活中不乏这样的人，他们明明置身事外，却喜欢指手画脚；他们不顾事实地偏袒自己的认知，以近乎病态的标准要求别人。

俗话说得好，“说出去的话，泼出去的水”，话一旦说出口就再也收不回来。有的时候不经意的一句话就可能给一个人的心灵带来巨大的伤害。所以，我们务必谨慎发言，特别是涉及他人人生的时候，更该如此。具体说来，我们应怎么做呢？

1. 尊重他人的生活方式和思维模式

每个人都有自己的生活方式，很多事情在你眼中是不妥，但在别人眼里可能就是一种幸福。对于别人的幸福，不要鸡蛋里挑骨头，应大方地送上自己的祝福。对于别人的不幸，不要嘲讽，应更多地给予别人关心和理解。

2. 换位思考

想想如果这样的事情发生在自己身上，自己会怎么做，从而设身处地地理解他人的困境，感受他人的艰难。在某些情况下，可以用“如果我是你的话，估计也会这样做吧”“你这样做，我也是能够理解的”之类的话来给别人温暖。

3. 注意对方的情绪

在人际交往的过程中，要时刻注意对方的情绪。例如，当对方失落、后悔的时候，千万不要这样说：“我早就这样告诉你了，谁让你不听我的呢？”我们可以委婉地说：“既然事情已经发生了，不妨我们一起想想怎么解决吧！”或者说：“放心，还有我呢，我会给你出主意的。”

人生在世，并不是每个人都能顺心顺意，越是优秀的人，兼顾别人舒适度的能力就会越强。每个人都有自己的生活方式，只要他不伤害别人，不危害社会，不触犯法律，谁又有资格去指手画脚呢？一个人最好的修养就是善于理解他人，给别人以尊重。干涉他人生活之前，先想想自己是否有这个资格，切莫再用自己的尺度与准则去衡量别人的生活。

▼

你宣扬朋友隐私的样子，真难看

每个人都有自己的隐私，谁都不希望自己的隐私被公之于众。有时候，人们内心太痛苦了，会选择将自己的秘密倾诉给自己的好朋友，并叮嘱好朋友保守秘密。然而，有些人没有尽到这个义务，将秘密传给了自己亲近的人，结果，传来传去，所谓的秘密变得人尽皆知了。

在与朋友交往的过程中要时刻记住“尊重”二字，不仅仅是尊重朋友之间的情谊，更重要的是尊重其隐私。将对方说的话看作两个人之间的秘密，不能告诉第三者，以防伤害到对方，影响两个人之间的关系。

柚子是一个活泼开朗的女孩，但她有个很不好的习惯，就是喜欢到处宣扬别人的隐私。

上中学期间，柚子有个同桌叫小牧，她出自单亲家庭，父母在她很小的时候便离婚了，原因是小牧的父亲有暴力倾向，经常打骂小牧和她的母亲。小牧的童年过得非常悲惨，所幸后来她的父母离婚了，她跟着母亲生活，日子才渐渐好转起来。小牧是一个内心非常敏感的人，她不想让别人知道她悲惨的过去，也从来不向别人提及她的童年。

自从柚子和小牧做了同桌之后，她们经常一起上课，一起吃饭，一起逛街。随着两个人关系越来越近，小牧将自己的童年生活告诉了柚子，她天真地以为柚子会替自己保守这个秘密。

柚子知道小牧的家庭情况后，感到一阵唏嘘，可转头就在宿舍宣扬开了。你告诉我，我告诉他，结果小牧的家庭情况被很多人知道了。

有一次，小牧听见别人在讨论她的童年，她感到非常愤怒，她只告诉了柚子一个人，现在大家却都知道了。小牧去找柚子理论，没想到柚子却说："我没想到你这么在乎这件事，而且你也没有叮嘱我不要告诉别人呀!"

小牧听到后气得无话可说，她明白了这种人不能深交，从此以后就和柚子疏远了。

身边的人慢慢也发现柚子是一个喜欢四处说长道短的人，因此也都不再信任她。

如果你的嘴上没有个"把门儿"的，那么你也会像柚子那样不知不觉地被朋友疏远。你千万不要以为这只是小事，时间长了你就会自食恶果。高情商的人都懂得：有所言，有所不言。

那么，在与朋友相处时，怎样做才能把握好这个尺度呢？

1. 尊重朋友的隐私

朋友之间最重要的就是互相尊重，对方将自己的隐私告诉你表明他相信你。如果你将对方的隐私大肆宣扬，就会伤害到对方，影响两个人的感情。当别人向你打探他人的隐私的时候，你可以这样说："你能确保不告诉第三个人吗？"如果他同意了，你就可以说："正好，我也是这样保证的，坚决不告诉第三个人。"

2. 保持与朋友之间的距离美

在和他人交往的过程中，要保持一定的距离，正所谓"距离产生美"，不要凡事都干涉对方，不要什么事都刨根问底。有些人仗着自己与朋友的关系亲密，觉得自己说什么对方都不会计较，殊不知并不是每个人都那么愿意分享自己的秘密，如果对方有难言之隐，你便应明白适可而止的道理。

3. 正视与朋友的关系

真正的友谊既不是施舍，也不是同情，而是你将自己的委屈与心事告诉对方，对方会替你保守，并安慰你、关心你。正视与朋友的关系，做到相互之间信任且有礼。

隐私，是一种相对私密和严肃的事情。不管在人前还是在人后，张口闭口拿隐私说事，只会让对方觉得受到侵犯，失去尊严。没有人喜欢自己的隐私被他人知道的感觉，也没有人喜欢自己的隐私被追问。能够将自己的隐私说给你听的人，对你有着绝对的信任，而这份信任值得你好好珍惜。

情商高的人对待他人的隐私会做到“勿问、勿听、勿看、勿传”。懂得尊重别人的人，才能赢得别人的尊重。

开玩笑，你把握好分寸了吗

生活中总有很多人说话不过脑子，只图嘴上痛快。这些人打着朋友的旗号肆无忌惮地开玩笑，想说什么就说什么，从来不会顾及朋友的脸面。

开玩笑的过程，是双方交流感情的过程，是一种善意的表现。得体的玩笑能够松弛神经，活跃气氛，使交际氛围更加融洽，因而诙谐幽默的人常常会受到他人的喜爱。但是，如果以开玩笑为借口来对别人冷嘲热讽，以取笑他人来寻开心，就会适得其反，不仅会伤害他人感情，甚至会造成很不好的影响。

因此，一定要控制好开玩笑的“度”，让开玩笑真正起到活跃气氛、增进友谊、促进关系的作用。

姜文性格豪爽，爱笑爱闹，但是却有很多人不喜欢她，因为她说话总是不经大脑，还喜欢调侃别人，也不管和对方熟悉不熟悉，有时候甚至不分时间、场合，玩笑话张嘴就来，让很多人下不来台。

一天，在午休的时候，大家正欢快地聊着天，同事小A突然神神秘秘地说："你们快来看啊！这儿有一张照片，你们快来看看这是谁的啊。"

同事们听了都很好奇，纷纷挤到前面去看，结果却发现某同事桌子上放着一张小乌龟的照片。同事们看了都大笑，说小A真是太无聊了。

这个时候，姜文突然拿起那张照片大呼小叫道："哎，你们看啊！这不是小C吗？"

小C是公司新来的一位男生，身材矮小，还有点儿驼背，说话细声细语的，很是腼腆。

姜文指着那个乌龟说："这不是我们新来的小C吗。小C快和大家打个招呼，我知道你喜欢吃小昆虫，等会儿我捉几只小虫给你吃呀。"

姜文的话音落下后，办公室内的其他同事都没有接她的话茬儿。这时，只见小C气得脸都涨红了，他反驳道："我不是乌龟，我也不爱吃虫子，你玩笑开得太过分了！"

姜文不在意地说道："开个玩笑而已啦！干吗这么认真。一个男生怎么气量这么小啊！"

小C张了张嘴，却不知道怎么反驳她，便沉默地走回自己的座位。

这之后，小 C 每次看见姜文都会立刻躲开。

喜欢开玩笑不是姜文的错，但不知把握玩笑的尺度就是她的错了。每个人在意的东西不一样，小 C 性格过于内向，本就不是开玩笑的合适对象，偏偏姜文还如此没有分寸，用乌龟取笑他，完全不在乎他的感受，这自然会引起他的反感。更何况她和小 C 的关系一点儿也不熟，最终导致这个结果也是情理之中的。

因为随意开玩笑，姜文得罪了不少人，很多和她要好的朋友也渐渐地远离了她，聚会的时候常常会故意“忘记”叫上她。其实，将朋友们推离自己肯定不是姜文的本意，但她的行为确确实实导致了这样的结果。

因此，在双方关系不熟，又不了解对方脾气、秉性的情况下，尽量少开玩笑，因为你无法把握他的底线。每个人的接受程度都不同，对于不喜欢开玩笑的人来说，你随随便便的一句玩笑话都有可能会让对方觉得受到侮辱。

那么，平时我们该如何把握玩笑的尺度呢？

1. 玩笑因人而异

每个人的性格、年龄、身份、职业都不同，接受能力也不同，对玩笑的承受能力也有所差异。因此开玩笑的时候注意因人而异。

首先，要记住男女有别。有些玩笑只适合男性，一旦开在女性身上就会显得不合适。且男性对玩笑的承受能力较强，女性则比较敏感，一旦触及对方的情绪点，则可能会失控。

其次，要记住长幼有别。长辈在开玩笑的时候应注意自己长辈的身份，切不可为老不尊。小辈在和长辈开玩笑的时候更要注意，要维护长辈的尊严，切记不能让长辈失了体面。

最后，要注意对方的性格特点。性格活泼开朗的人和性格内向敏感的人对玩笑的承受能力自然不同，在开玩笑的时候要格外留意。

2. 开玩笑要选择恰当的时机

开玩笑要选对时机，如果对方正心情忧郁，你开玩笑，效果就会适得其反，甚至会引起不必要的误会。即使是性格开朗的人，在不同的时间也会有不同的情绪，因此要懂得察言观色，在他人心情好或是正处于闲暇的时候适度地调侃一下。

另外，不是任何场合都适合开玩笑。正式、严肃的场合不宜开玩笑，如参加庄重的会议或吊唁会等。

3. 避开“七寸”

人们常说，“蛇打七寸，必死无疑”，开玩笑的时候也要注意避开对方的“七寸”。如果某个人身材矮小，你却偏偏拿他的身高开玩笑，对方心里肯定会有所不满；如果某个人学习成绩不好，你却偏要拿他的成绩说事，他必定会远离你。这样并不是开玩笑，而是恶意捉弄，轻者会伤害两个人之间的感情，重者会引起不可挽回的后果。因此在开玩笑的时候要合理地避开对方的“雷区”，谨记“群居守口”，让聊天更加愉悦。

好的玩笑里，藏着趣味；坏的玩笑里，却藏着毒药。情商高的人不会随便开玩笑，开玩笑也能把握好尺度，他们知道如何开玩笑才能让人心里舒服，才不会引起反感。高情商的人即使是开玩笑也会尊重他人，会考虑他人的感受。只有以尊重和善意为前提的玩笑，才能称得上调剂品。

▼

得理不饶人=没风度

得理本是好事，但是不饶人，就会失去风度。

有些人在餐厅吃饭的时候，服务员稍有疏忽，他们便会大喊大叫；点了外卖，外卖小哥稍微迟到一点，他们就会出言不逊；出门坐公交车时被别人不小心踩了一脚，他们就会恶语相向。

有一句话说得好，越是层次低的人越是得理不饶人。得理不饶人的人往往不懂得宽容和大度。在一个无伤大雅的小问题上不饶人，死死地抓住对方的过失不放，除了将一个小问题演变成一场闹剧以外，没有任何意义。

李晓燕是一家编辑公司的主任。有一次，公司接到任务，要求编一套青春励志的书籍。李晓燕带着几名编辑加班加点地完成了，但是拿给客户之后，客户看了一眼就提出了质疑。原来，客户想要的书籍是言语犀利的风格，而李晓燕所做的是温馨治愈的风格。

李晓燕听到客户的话后非常耐心地给客户解释：“之前没有说明文风，所以我们做的是当下最受欢迎的温馨治愈风，这类风格的书籍是很有卖点的。”客户一脸不爽，理直气壮地理论道：“我不管现在流行什么风格，我只知道你们现在做的不符合我的心意。”李晓燕见客户态度强硬，虽然不情愿，但还是道歉道：“不好意思，是我们没有事先沟通好便自作主张，但这套书是我们呕心沥血一个月反复修改做出来的，请您至少看完一本再决定要不要换，好吗？”客户毫不让步，得理不饶人地说道：“这本来就是你们的错，我为什么要看，必须换文风，我要在这周末见到成稿，质量必须要保证。”

李晓燕见客户如此得理不饶人，也是非常火大，她说：“您事先也没有告诉我们文风，这件事双方都有责任。”客户一听更火了：“这么说你们是想推卸责任啊。”

两个人你一言我一语地吵起来了，最后，李晓燕实在受不了客户的纠缠，便丢下一句话：“我们把钱退给您，您另请高明吧。”说完便转身离开了。

看到这种情况客户也傻了眼，后续工作早已经安排好了，此时李晓燕撂了挑子完全打乱了他后面的计划，让他陷入了一团乱麻。

客户的得理不饶人导致了两败俱伤，李晓燕做了白工，客户则要付出更多的时间、精力和金钱才能完成既定工作，而且对自己的个人形象造成了负面影响。由此可见，得理不饶人实在不是一个好的选择。

当然，饶人也需要讲究方法和技巧。如何能够在不伤害两个人之间的感情的前提下达成双方之间的协议呢？

1. 利用幽默来化解矛盾

如果对方真的有不足，也并不是只有大吵大闹这一种解决方式，可以在适当的时候来点小幽默，在幽默的话语中点醒对方，这样既让对方认识到自己的问题，又能够维护对方的脸面，甚至会让对方心生愧疚，这样矛盾自然不会产生。

2. 适当示弱，给对方一点台阶下

有些人其实可能已经认识到了自己的错误，只是碍于脸面不愿意承认。对于这样的人，我们不妨给对方一个台阶下，顺着对方的意思说，让对方听着心里舒服。你保全了对方的面子，对方自然也会感激你。

3. 委婉地指出对方的错误

在指出他人的缺点和不足的时候要注意场合，要顾及对方的面子，特别是在大庭广众之下，更要委婉含蓄。如果对方情绪不好，还可以暂且不提，避免纠缠不清，可以借第三

人之口让对方知道自己的错误。

生活中有不少人习惯得理不饶人，在非原则性的问题或鸡毛蒜皮的小事上争得不亦乐乎，一定要一争雌雄才肯罢休，结果往往闹得不欢而散。

人非圣贤，孰能无过，抓住别人犯的一点小错误死死不放，实在是太有失风度了。得饶人处且饶人，体现的是一种胸怀，是一种宽容，是一种不拘小节的潇洒。给对方一条路，为对方留点面子，宽恕别人的错误，也是给自己留一条后路。

“说话”大课堂

话不能随意说，有许多禁忌值得我们注意：

1. 注意说话场合，别让祸从口出。

拥有好口才确实会对我们的人际交往有很大帮助，但是，如果不注意说话场合，无论什么场合下都卖弄自己的口才，只会惹人厌烦。例如：在婚礼这样喜庆的场合，你却偏要拉着新郎、新娘忙碌的家人谈工作；在一场关乎公司生死存亡的严肃会议上，你却讲了一个不恰当的笑话……这样怎么可能赢得他人的喜爱？

2. 懂得什么该说什么不该说，该跟什么人说不该跟什么人说。

赞美、幽默的话要多说，批评、指责的话要少说，涉及隐私的话不要说。在人际交往中，我们应当清楚有些话能说，有些话不能说，哪些话该跟什么样的人说，哪些话不该跟什么样的人说，这样才能最大限度地减少出错。

3. 遇人不言其过，说话不揭其短。

过错、短处都是别人不想提起的东西，如果你总是当他的面提起，那么无疑是在戳他的伤疤，让他感到不舒服，进而会影响你们的关系；如果你总是在背后对别人提起，那么一旦传到他的耳朵里，你们的关系想必就会急转直下。

4. 会说话的人，不会咄咄逼人。

说话态度也是话语的组成部分，态度出了问题，话说得再好也徒劳无功。咄咄逼人的态度会让你的“得理”变成“无理”，让你失去众人的支持。因此，咄咄逼人的态度不可有。

第三章

尊重，你最美的名片

▼

没有人喜欢命令式的语言

在当今社会下，人文情怀里的礼貌用语体现在生活中的方方面面。在人际交往中，不难发现这样一种现象，当一个人用相对强硬甚至命令式的话语对别人表达某种诉求的时候，往往会容易激发对方内心里一种近乎本能的逆反情绪和心理。而同等的诉求，假如前面加上“拜托”“请您”这样的礼貌前缀，那么对方心理自然不会抵触，并且会很愿意为你鞍前马后。前后两种不同的态度可以对结果产生这么大的影响，由此可见，尊重他人的重要性。

几天前，郑玉不小心遗失了自己的身份证，她知道同事顾柔的丈夫是在证件管理部门上班的，所以她就想请求顾柔帮忙。按理说，这个请求并不是什么难办的事情，不过，两周多的时间过去了，身份证的事情一直没有解决。期间，郑玉问过顾柔几次，顾柔都含糊其词，没个准信儿。郑玉很是纳闷，就跟一个同事发起了牢骚。同事问：“你当时是怎么请顾柔帮忙的呢？”

郑玉没多想说：“我们不是同事吗，这还用什么请啊。那会就是下班的时候我坐电梯的时候正好碰上了，就跟她说：‘我身份证不小心弄丢了，你老公不是正好负责这个吗，你帮我说一下，给我补办一下哈。’”

同事了然说：“难怪顾柔不愿意帮你了。你也不想想顾柔平时性格那么犟，做事情那么要强，你回想一下，你那口气就像下达命令一样，人家又不欠你的，平白无故的，干吗给你办事啊？即便你们是同事，人家也没义务帮你办事，何况是你那样的口气，顾柔肯帮你办才奇怪呢。”

郑玉听完同事的话，恍然大悟。她赶紧又找到顾柔，改变了自己的态度和口气，身份证的事情也很快就解决了。

在日常的交谈中，对于语言的运用，我们应格外注意。说出的话，要尽量让别人听起来舒服，能够接受，尤其是在对别人有所求的时候。不然，不仅达不到想要的效果，还会适得其反。命令式的语言便是其中不受欢迎的语言之一。如果改变这样的说话方式，对日常交际中的双方都有好处。

老关头儿是一个普通的农民，春耕秋收，靠卖了粮食，存了一些钱，把儿子送到了城里的重点高中读书。一次，儿子托人捎来一封信，可是老关头儿大字不识一个，只得请邻居屠夫帮他看信。不过屠夫识字不多，反复看了几遍之后才知晓其中大意，便对老关头儿说：“你儿子在信上说，上次寄的钱已花光了，再给他寄五百块钱。”老关头儿听后又生气又失望，心想：“我那么辛苦地劳作，腰都直不起来。什么都舍不得用，什么都舍不得花。好不容易用存下的一点儿钱送他去最好的高中读书，没想到他一点儿都不知道感恩，一点儿也不体谅我，连一句问候的话都没有，直接命令我寄钱，真是个白眼狼啊！不寄，我就偏不给他寄！看他能怎么样！”正在生闷气时，一位老师到家里来取明年的种子，听说这件事后，向老关头儿要了信，看完一遍后若有所思地对他说：“大爷，您儿子的信上其实是这么写的：‘爸爸，您近来身体怎么样呢？您那么辛苦，省吃俭用，好不容易攒下的钱自己不舍得花，大部分给我寄了过来，我心里特别不好过，只能好好用功读书，等我学有所成，一定好好报答您的恩情，好好孝敬您。我最近又选修了一门功课，不过需要买几本必需的参考书。另外，下个月的生活费也快没有了，所以不得已给您写信，想要您寄些钱给我，如果寄两百块钱，我很感谢；如果是五百块钱，就更感激不尽了。’”老关头儿听后，心里暖洋洋的，立即出门去给儿子汇款。

明明屠夫和老师看的信是一样的，却得到了老关头儿两种截然不同的反应。前者愤怒失望地拒绝寄钱，而后者却安慰暖心地欣然汇款。其实不难看出，屠夫和老师的话，都没有错，都是信中所写。不过，屠夫却因为不能完全理解信中内容，便直接选择忽略儿子对父亲的爱意。老师不同，他将信中内容极尽深情地转达给老关头儿，将人情味十足的字字句句告知老关头，不仅让他心里安慰，也达到了儿子想要父亲汇款的目的。由此可见，选择一种适宜的说话方式尤为重要。不过，怎样才能避免这种命令式的语言呢？

1. 调整说话的语气

没有人喜欢被他人训斥、命令，不带任何感情的命令和粗暴的训斥只会让对方感到反感，难以将谈话继续下去。因此，要想和对方好好地说话，需要注意自身的语气，语气一定要温和、诚恳，避免命令式的语气。千万不要用“你怎么还没有做完这件事？”“今天你必须将这件事做完才能下班！”等责问或命令句，可以换为“是不是遇到了什么困难，有不明白的地方吗？”“这项工作比较着急，催得紧，辛苦你赶一下进度，好吗？”

2. 多用一些听起来让人觉得舒服的词语

对于领导来说，要想获得员工的尊重，靠的并不是强制和独断，尊敬地说一声“谢谢！”“麻烦你了！”“拜托！”能够让员工觉得自己是被尊重和信赖的。“请你……”“辛苦了！”“做得不错！”这样的话要多说。

3. 谨言慎行，在说出口之前仔细想想

很多伤害人的话是在一时气愤之下说出的，在说话之前最好仔细想一想："我这样说，她会不会误会？""会得罪她吗？会给她带来困扰吗？"不能自己想怎么说就怎么说，完全不考虑对方的感受。

同样的一件事，用不同的口吻说出来就有可能得到不同的结果，命令式的语言无疑是最不恰当的方式之一。我们应当尊重对方，避免命令式的语言，让双方的交流更加平和。

▼

称呼不得体，谈话未始已先终

何谓称呼？称呼指的就是人们在日常交往之中，所采用的彼此之间的称谓语。人与人之间的交往中，称呼必不可少。恰宜得当的称呼可以说是交际场合中的名片，最能直观地反映出自身的教养和对别人的尊重程度。称呼其实是很需要技巧的，可是如何称呼？这里面可有着很大的学问。为什么这么说呢？因为它看似简单实则复杂，看似无所谓实则有所谓，看似波澜不惊实则暗潮汹涌。因此，在交际场合中一定要注意称呼的正确得体，不可错用，更不可乱用。

郭敏已经三十有余，自己经营着一家不大不小的服装店。因为平时自己一个人在打理，几乎一整天都窝在店里照顾生意，没有什么闲暇时间打扮和保养自己，所以，从外表上看郭敏，会觉得她面色苍老，显得比实际年纪还要大一些。不认识郭敏的人总是会觉得郭敏已经是四十好几的人了，因此郭敏最介意别人说自己年纪大。

有一次，郭敏照例去批发市场批发最新的服装。郭敏经过一家店面，就被里面挂出来的几个式样吸引了，刚想走进去仔细查看，一个二十岁出头的小姑娘就凑过来，很是殷勤地说道："阿姨，您是来拿货的吧，真有眼光，这可都是今年的最新款，特别受年轻人的欢迎，您进来瞧一瞧吧。"

谁知，郭敏白了那位姑娘一眼，连一句话都没说，直接径直往前走。

走了一会儿之后，在另一家批发商那里，一位同样很是年轻的姑娘热情地迎了出来道："姐姐，您又来批发新的样式吧？看了半天也累了吧，在我们店歇会儿，进来看看。姐姐，不瞒您说，我们这回可新进了不少最流行的样式呢。"郭敏听完，心情很是舒畅，便进去看了看，一边挑一边跟小姑娘聊天，最后满载而归。

前一个姑娘，如果只从郭敏的长相看的话，叫声"阿姨"或许不为过，但是站在对方的角度，这声"阿姨"不见得愿意受用。女人嘛，没有一个愿意被别人说老的。一句"阿姨"赔了一笔买卖。而后面的姑娘就不一样了，同样面对郭敏，"姐姐"倒是显得很亲切，更重要的是郭敏很受用，让接下来的交往也更加顺畅。

要想称呼得体需要根据现实情况进行特殊处理，没有一个可以进行统一、固定的称呼。没必要死板地按照年龄、身份、职位做判断。这些不是短时间能做到的事情，需要自己留心和长期的经验积累。

陈凡就是一个例子。

陈凡是一家公司的普通职员，在职场上，他很是注意与同事和领导之间的称呼。陈凡是一个很细心的人。记得他刚到公司的时候，谁都不认识，为了尽快熟悉公司的同事，他总是会把一个小本放在口袋里，用来专门记录同事和领导的名字和职位，也会把每个人喜欢的别人称呼自己的方式记下来。于是，在很短的时间内，陈凡便和公司的同事们打成了一片。

亲切、恰当地称呼别人，能够在短时间内拉近与对方的距离。如果你也能像陈凡那样准确叫出相识不久的人最喜欢的称呼，相信你们一定很快就会亲近起来。

与人交往，若想有个好人缘，和别人相处融洽，就必须掌握正确的称呼方法，以下几点或许在你与他人沟通的过程中能给你很大的帮助。

1. 看清楚对象，情景结合

生活中，面对熟人，称呼不必太正式，否则会显得刻板、生疏。我们对熟人的称呼可以随意一些，比如可以叫他的小名、外号等，这样会给对方一种亲昵的感觉。至于恋人、夫妻之间私下里还可用爱称，这样不仅很有情趣，也可以增进彼此之间的感情。不过在公众场合，尤其是在很正式的场合，叫别人的小名、外号，甚至爱称等则会显得很不严肃，很是胡闹，应当以“某某同志”或“某某同学”代称。对于不熟的人，尤其是前辈、师长，不可使用上述的称呼，这样会给别人一种不尊重、没教养的感受。因此在各种称呼的运用上，须得看清楚对象和场合，灵活运用，切忌随意滥用。

2. 入乡随俗，尊重避让

一方水土一方人，各地人们的文化修养和宗教习俗各有不同，在称呼对方时，须得考虑对方的生活环境，不可按照自己既定的方式随意称呼，例如对一个南方人，不能随意使用“师父”，不然他们会觉得你把他们当作出家人。在南方人的观念里，“师父”特指出家人。

3. 称呼也有先后顺序之分

无规矩不成方圆，凡事都有先后之分。通常来说，称呼以先长后幼、先上后下、先女后男、先疏后亲为宜。这种称呼顺序，在日常生活中或许运用得不是很明显，不过在外交、宴请外宾等重大的场合里，这种称呼顺序尤为重要。

4. 称呼应该严忌粗鄙低俗

在长者面前直呼其“老头”“老太婆”这样的粗俗称呼，是不尊的体现，“大爷”“大妈”“先生”等称呼，更加适宜；在幼者面前使用“小东西”“小家伙”这样的称呼，是不妥的体现，应该使用“小朋友”“小同学”之类的称呼。以上不当称呼对于相对熟识的亲朋好友来说还算适宜，不过并不亲近的朋友之间，这些不恰当的称呼，万万不能脱口而出。

中国是一个礼仪之邦，古人提倡：“亲疏有分，则施行而不悖；长幼有序，则事业捷成而有所休。”一切的交流都从称呼开始，如何称呼对方，是一个人物给予大众的第一信息。你会直观地交代出双方的身份、社会地位和亲疏程度。并且，通过不同的称呼，能直接传达你对他人的态度：是热情的还是冷漠的；是尊敬的还是轻慢的；是友善的还是敌对的……得体的称呼，会给你今后的处世提供很大的便利。

▼

认真倾听，给别人一个说话的机会

说话是两个人的事情，并不是一个人的独角戏。情商高的人懂得倾听他人的想法，给对方一个说话的机会，尊重对方的情绪。

辛迪是一家购物商店的导购，这天，有一个女顾客，拿着一条已经穿过的裙子，说是缩水的问题，要求退货退款。

辛迪跟顾客解释了很多关于衣服质量的问题，衣服里面是什么材质的，缩水的情况是不会出现的。女顾客架势很凶，不依不饶，一点都不听辛迪的解释，只嚷嚷着要退货退款。辛迪看着女顾客无所顾忌地大喊大叫，一方面她怕影响其他的顾客消费，一方面自己又实在拿女顾客没辙。

好在这个时候，商店经理听到消息，赶来救场。商店经理来了之后，表明了自己的身份，将女顾客领到一旁的沙发上坐下。他先是微笑而诚恳地静静听完顾客的抱怨和发泄，之后慢条斯理地说："真的很不好意思，女士，这件连衣裙会缩水，这个我真的是不知道呢。不过您放心，这件事情怎么处理本店完全听从您的意见，我作为商店经理可以向您负责任地保证。"

"我其实挺喜欢这件衣服的设计的，但就是洗一次就缩水了，有点可惜，你有什么办法让它不缩水吗？"

商店经理说："感谢您对衣服设计的认可，据我所知这件衣服的质量属于上乘，女士，您介意继续试穿一周吗？一周之后，如果产品还是出现类似或者其他质量问题，没有让您满意的话，那么我们可以给您无条件退款，您看如何？"

女顾客不再纠缠，选择离开。一周之后，衣服也没再出现缩水的情况。

辛迪用半个多小时都没有解决问题，而商店经理却用不到五分钟的时间就解决了所有的问题。两个人在面对顾客的不满的时候，辛迪选择用同样激烈的方式，一遍遍地讲顾客并不感兴趣的质量问题，最终只能是引起顾客更大的不耐。而商店经理却像微风化雨一样，先是倾听了对方所有的抱怨和不满，让对方发泄出心中的怨气，最后慢慢地开始进行平静的对话，让事情迎刃而解。

倾听是一种道德修养的体现，学会倾听，在日常的交际之中尤为重要。倾听是一种礼貌，因为对话就相当于两个人的舞台，如果你一直喋喋不休地霸占着主动权，这样的你，显得很是无理。倾听就是互相尊重，因为尊重才会信任，信任才会有倾听。记住：你认真聆听别人的谈话，意味着你对别人的尊重，尊重别人，别人自然也会尊重你。

一次，张北受邀去参加好友的生日 Party。张北的这个朋友说是功成名就一点也不为过，前来参加宴会的人也都是非常有名气的。张北去时见朋友正在忙着应酬，就随便找了一个角落，坐了下来。张北发现有位年轻人就坐在离他不远的位置，看上去有些落寞、不爱言谈的样子。于是，张北就走过去跟他交谈起来。在交谈的过程中，张北知道他是美国的一所大学里的在读研究生，目前正在攻读物理学。

一开始，年轻人也只不过是在浅浅而谈，后来发现张北一直都在很认真地倾听，便觉得遇到了知己，越说越深，就连他现在的研究生论文打算写的方向都说了出来。在张北的角度上，他不懂物理学，对于物理，他还停留在牛顿与苹果的那一页。虽然不懂，但张北依然很礼貌地不露一丝不耐烦的神色。偶尔会在年轻人讲累了，喝口水的时候稍微转移一下话题，张北饶有兴趣地问了那位年轻人一个问题：从广义相对论的角度看黑洞的话，会不会有什么新的发现？

年轻人听后，很有耐心地向张北解释起来，两人相谈甚欢，一直到宴会结束。不久之后，张北又碰到了好友，好友一见他便说："我表弟一直在我面前说起你呢，一直夸赞你。"

张北有些愕然："你表弟？是谁啊？"

好友说："你俩不是在我生日那天聊得特别开心吗？表弟一直说你懂物理，懂天文，学识渊博。"

事实上，什么物理学和天文学，张北压根不懂，正是因为不懂所以压根什么话都没有说。所谓的相谈甚欢，不过就是倾听罢了，但却给那个年轻人留下了很深刻的印象。

善于交际的人都是善于倾听的，其实倾听不仅是尊重他人的表现，也是另一种表达自己的方法。它是一种心与心的对话，是人与人之间的心灵之约。倾听是诉者的诚心，是听者的虚心。倾听，不仅仅是对别人的尊重，也是对别人的一种赞美。说话是一件痛快的事，不要只把这种痛快留给自己，要学会将说话的快乐分享给其他人。

那我们如何学会倾听，倾听又有什么样的技巧呢？

1. 集中注意力

一个不用心倾听别人讲话的人，是一个无法让对方坦言相对的人。即使身边比较嘈杂，也应该静下心来注意倾听对方的话。此时，可以通过看着对方的眼睛来集中注意力。只有这样，才能够把握住对方所谈的内容。当他征求你的意见时，你才不会因为走神而不能回答对方，造成双方的尴尬。

2. 表现出热情

在倾听对方讲话的时候，不要总是以一副漠然的表情面对对方。既然愿意分享对方的故事，就应该表现出热情。否则，对方会明显地感到你的漠然，认为没有必要把自己的故事讲给你听。当你表示出自己很感兴趣时，结果就不一样了。对方会认为你是一个贴心的人，从而将自己的心里话告诉你。此时的你，虽然没有开口说话，只是耐心地倾听，但是你已经得到了一个朋友。

3. 保持安静

倾听的过程中，不要随便打断对方的话。一个急于倾诉的人，此时只想把自己心中的话通通讲出来，让自己放松、安静下来。此时，做一个好听众便是你的本分，没有必要去打断对方。不过，当他问你的时候，你可以说一些适当的话来回答他。

4. 进行互动，提出一些问题

倾听并不意味着只是听，也需要慢慢回应。在倾听的过程中，你可以试着提出一些自己感兴趣的问题，告知对方你在听，并且在认真听，例如：

“抱歉，我有些不理解，你能说具体一点吗？”

“嗯嗯，那另外的，还有什么需要考虑的？”

“您能再说一遍刚刚的观点吗？我还是有些不理解。”

倾听不是被动地去听，而是在为探听虚实后的主动做准备。如果在还没有了解他人的情况下就随意交谈，很有可能使谈话陷入僵局。与其如此，不如仔细倾听，在充分了解对方的情况后再发表自己的意见。

人都有表达自己的欲望，如果你收起倾诉的欲望，改为倾听对方谈话，让对方痛痛快快说个尽兴，对方的心里一定会得到极大的满足。做一个会倾听的人，这是你对别人最大的尊重。

▼

给对方一个台阶下，给自己留条后路

自尊在人们的心理格局中站在最后一个位置，它就相当于一个堡垒里面的最后一堵墙，守护着一个人最后的底线。你有自尊，别人也有。所以在与人相处的时候，很重要的一点就是互相留有余地，给别人一个台阶下。当今社会下，有一种性格叫作“耿直”“心直口快”，甚至被视为美德，即使因言语不当而产生矛盾，这种性格的人也总是以“我就是这样，我说不了谎话”等理由替自己开脱。当一个口无遮拦的人进入一个小群体的时候，大张旗鼓地把所有他的已知事物昭告天下，那个时候，他就会受到所有人的反感。

桃子和朋友去参加一个聚会，聚会的时候有一个男孩向一个女孩求婚成功。大家都鼓掌欢呼，席间有一位年轻人在形容那对恋人时，用了“窈窕淑女，君子好逑”。说罢，他便开始吟唱起来：“关关雎鸠，在河之洲。窈窕淑女，君子好述。”诗篇是很美，但美中不足的是，他把这首诗的题目说成了《兼葭》。这几句无疑是《关雎》里的诗句。

桃子本就是中文系的学生，加上知道这几句诗的出处，便直接不留情面地指出了年轻人的错误，本以为年轻人会认错，谁知他却坚持自己没有错。

二人互不相让，各执己见，场面一度很是尴尬。一位在场的桃子的朋友是中文系的博士生，桃子提议让朋友评理，看看谁是谁非。

那个年轻人也不甘示弱地说：“评理就评理，谁怕谁。”

本以为，朋友会直接指出年轻人的错误，但是没想到朋友却对桃子说：“桃子，那位先生是对的，你记错了。”

年轻人顿时得意扬扬起来，桃子觉得很没面子，明明自己是对的，朋友为什么这么说？宴会散了之后，桃子拉住朋友，询问原因。

朋友看了看她，温和地说：“在学术上，你没有错。但我们都是客人，何必在公共的场合让他下不来台呢？他一开始的时候也并未征求谁的意见，仅仅是在发表自己的看法，对错根本与你无关，争个对错高低其实毫无意义。你要记住，不是所有的情况下都适合较真儿的。在社会上工作别忘记这点，要学会给人台阶下。”

的确，一个人要是活得太过认真和较真的话，不仅你自己会很累，也会引起别人的反感。如果你能用巧妙的语言将一个人从尴尬的境地解救出来，他自然会对你感激不尽。

年纪轻轻又没什么工作经验的方方好不容易有了在高级珠宝店当售货员的机会。她一直很是珍惜这个机会，勤勤恳恳地工作。

一天，店里来了一个中年男人，衣着破旧，满脸悲伤，眼睛一直盯着那些高级首饰。方方为男人一一介绍各个产品的良好的切割工艺。突然，方方不小心把其中的一个盘子碰翻了，盘中的四枚钻石戒指一下子全部滚落到地上。她慌忙去捡，但发现只剩下了三枚，另外一枚怎么也找不到，方方一抬头，看到那个男人正在急匆匆地往外走，当即便意识到戒指被男人拿走了。

方方柔声道：“不好意思，先生。”男子转过身来，眼神有些慌乱，看着女孩的眼睛，不过脸上的肌肉在控制不住地抽搐：“什么事？”

“您不知道吧，我没什么工作经验，能在这里工作特别不容易，您也知道的，现在工作要求特别高，有一份工作特别不容易。”方方真挚地说。

男人定定地看了方方很久，笑了，说：“是啊，找个工作太难了，不过我相信你可以在这里一直坚持下去的，姑娘，我祝福你。”他向前一步，把手伸向方方，两人的手握到了一起。

“谢谢，我也祝您好运！”方方说道。望着那男人远去的背影，她摊开手，手中赫然是一枚亮晶晶的钻戒。

凡事给对方留一点点余地，这样会收获不一样的结局。方方在发现钻戒丢失，叫住男人之后，脱口而出的不是“是不是你拿了戒指”，而是谈自己的遭遇，让男人给自己留一点余地。这样一来，两个人都给了对方台阶下。最终，避免了一场盗窃案的发生。

在日常的交往中，尴尬的事情在所难免。尴尬的时候常常伴有气氛低落的场面，那么想要活跃气氛，避免尴尬，就需要好好地学习。

1. 变换谈话的气氛

当我们在一个严肃、认真的场合里时，有些人可能会因为肚子咕咕叫的声音、放屁的声音、椅子突然坏了摔在地上等突发的情况，引发大笑。这样的话，就需要在场的人有很强的自制力，控制好自己的情绪，不然就会破坏严肃场合的庄重气氛，并且不利于事情的进一步推进。

2. 变换话题的角度

其实很多的时候，我们会在尴尬和下不来台的事件的中心，此时，不必急着懊恼，因为不是所有的尴尬都到了不可挽回的地步。事实上，你可以试着调节一下自己看事情的角度，跳出来，用一种轻松的角度看待，并且用轻松愉悦的手段达到自己的目的，让场面明朗起来。

3. 变换对方的处境

人无完人，孰能无错。很多时候，我们不必步步紧逼，揪住一点点错就非要弄出个谁是谁非才肯罢休。很多错误很小，无伤大雅，我们可以放过。不要总是在大庭广众之下和别人较那么一点点真，因为不值得，还会伤了和气。设身处地地想一想，自己如果在那样的境地，肯定也是希望别人给自己一个台阶下的。

记住，给别人面子，就等于给自己面子。给别人台阶下，也是给自己一个台阶下。这样足以体现你的尊重、宽容和谅解，不仅给自己留了条后路，又能给自己赢得朋友。

▼

主动道歉并不会“丢面子”

在我们平时和别人相处的过程中，不可能时刻保持完美，总会有一不小心说错话的时候，难免会给别人带去困扰和不愉快。如果出现这种情况，一旦你意识到自己的问题所在，应当立刻向对方道歉，请求对方的谅解，这样才是解决问题的最好办法，也维护了双方之间的关系。

道歉并不是示弱，很多时候，真诚致歉不仅可以修复人与人之间破裂的关系，还能加深彼此的感情。很多人认为，向别人道歉就是对自我的否定，是示弱，是低头。经常因为放不下自己的脸面而选择僵持，放纵自己错下去，可能会导致情况进一步的恶化，造成不可挽回的后果。因此，一旦认识到自己有什么事情做错了，不要害怕尴尬，勇敢地找出问题，承认错误，对症解决问题才是最好的办法。

赵楠和辛梦是同事，经过几年的相处，两个人已经变成了亲密无间的好闺蜜，可是最近在别人看来，两个人的关系渐渐疏远，仿佛已经到了“老死不相往来”的地步。大家都纷纷猜测两个人之间到底产生了什么天大的矛盾，让这之前天天黏在一块的两个人变得形同陌路。

事情是这样的，两周之前，辛梦找在法国的朋友帮她代购了一些奢侈品，包括一些化妆品还有一个爱马仕的手提包。辛梦对她新买的包爱不释手，第二天就背着它开开心心地去上班了。赵楠看到了辛梦新买的包，眼前一亮，刚想开口夸赞一番，不料她却发现这个包和她曾经在官网看到的五金细节不同，原来是个高仿。赵楠哈哈大笑，在办公室里大声嚷嚷着：“小梦，你怎么背了个高仿包来了啊，不仔细看还真看不出来！”辛梦被赵楠如此嘲笑了一番，没有作声，回到了自己的座位上，赵楠不仅没有看出辛梦的心情变化，还把辛梦背高仿包的事情当成笑料在茶余饭后讲给公司的人听。辛梦听说后，觉得赵楠让她脸面扫地，于是不再理睬赵楠。赵楠意识到辛梦对自己的疏远，才知道自己做错了，本来以为是开玩笑，没想到让赵楠在同事们的面前丢了面子。赵楠想要道歉，但每次看到辛梦冷漠的样子就欲言又止了。下班的时候，赵楠还是没能开口叫住辛梦跟她道歉。第二天上班的时候，公司还在把辛梦背高仿包的事情当作笑料传播，辛梦听到以后，再看看一旁无动于衷，显然没有想帮她辩解的赵楠，一气之下，当着办公室的所有人，把赵楠平常的“糗事”一股脑儿的全说了出来。可以想象接下来是什么样的画面。

仔细想一下，这本来是一件很小的事情。如果赵楠没有把口无遮拦当作是开玩笑，如果赵楠在辛梦生气之后及时主动地向她道歉，那么事情就不会演变成无法挽回的地步了。虽然是赵楠一句无心的话，却深深地伤害了辛梦的自尊心，让她在公司里丢失了脸面，于是两个人之间的嫌隙越变越大，最终导致昔日的闺蜜翻脸。

每个人都不是独立的个体，想要在社会上生存，就要维护好人际关系，如果每个人都只关心自己的面子和利益，那么这个人就不会拥有真正的朋友。认识到自己的错误并且主动向朋友道歉，不但不会丢掉自己的脸面，反而展现出自己良好的素养。当你在面子和友情面前犹豫不决的时候，就会错失把握一段友情的机会，所以要趁着事情没有发酵，抓住机会，诚恳地向朋友道歉，挽回属于自己的朋友和友谊。人和人之间，难免有磕磕绊绊的时候，懂得主动向别人道歉的人，会收获更加真挚的友谊，也会生活得更好。那么我们都有哪些好的道歉的方式可以运用呢？

1. 直言求和

如果两个人之间只是小吵小闹，并没有大的矛盾，这时候不要选择冷战，要主动站出来去和对方打招呼，打破两个人的尴尬处境。比如“对不起，是我的错，以后我会注意的”，再比如“真的不好意思，希望你不要生气了，过去的事情就让它过去吧”，如果对方的反映是积极且正面的，那么就可以重归于好。

作为过错方，就要成为先打破沉默的一方，主动向对方示弱低头，如果对方领情，就可以顺水推舟地重修旧好了。

2. 用轻松愉快的话语来委婉道歉

过年的时候，小程外出去亲戚家拜年。春节的公交车很少，小程在路边等了很久，才等来了一辆公交车，车门一开，乘客们就手忙脚乱地往前挤，把车门堵个水泄不通。小程好不容易从后门挤上去，车便发动了，于是小程一个向后趔趄，不小心踩到了一个乘客的脚，只听见那人“哎哟”一声，脸上带着怒气看着小程。小程连忙说：“对不起，对不起！”那人还是小声嘀咕，小程灵光一闪，赶紧说：“朋友您今年一定会发大财！”乘客好奇地问他为什么，小程回答：“中彩（中踩）中彩嘛！到时候您可别忘了请客！”乘客一听，倒是反怒为笑了，车上的人也跟着起哄，小程也不好意思地笑了起来。

3. 幽默示弱

如果你不想气氛严肃地道歉，那么用开玩笑的方式打破冷战是最好的方法。小圆和丈夫两个人吵架，谁也不跟谁说话，就这样冷战了好几天。小圆也不做饭不做家务，小圆的丈夫是个粗人，干活没有那么细致，家里的工作应付不来，于是腆着笑脸对妻子说："老婆，我们结婚七八年了，冷战也都结束这么久了，我们家的冷战是不是也要向国际学习，该解除了？"小圆看到丈夫嬉皮笑脸的样子，脸色马上就阴转晴，露出了阳光。

主动道歉，是真诚的表现，也是成熟的标志。是对别人的尊重，也是给自己面子，更是一种难能可贵的品德。因此，道歉不需要心理负担，没有人会拿你主动认错当作笑柄来讥讽你。俗话说"知错能改，善莫大焉"。知道如何放下自己的姿态和面子，学会和他人沟通交往，你的生活才会处处充满善意。

▼

多说“你”，少说“我”

曾经在《福布斯》杂志上看到过这样一篇文章“保持良好人际关系的一剂良方”，其中有几点非常值得我们借鉴和学习：

与人交流最重要的六个字是：“我以你为骄傲！”

与人交流重要的五个字是：“您怎么认为？”

与人交流重要的三个字是：“麻烦您！”

与人交流重要的两个字是：“谢谢！”

与人交流重要的一个字是：“您！”

那么，在与人交流的过程中最无关紧要的一个字是什么呢？是“我”。

有人做过一项调查，研究结果表明，人们一天中使用次数最多的一个字，就是“我”字。为什么“我”字的使用频率这么高呢？是由于我们大部分人都乐意听到别人夸赞自己，乐意被夸奖。人的潜意识中，都是以自我为中心的，所以通常会忽略他人的感觉，会给别人产生一种你不懂得尊重和体谅别人的感觉。所以你要做的就是学会换位思考，站在别人的立场去考虑，照顾对方的感受，维护对方的自尊和颜面。

在与人交流的过程中，人们最常用的字是“我”，这个结果引发了人们的深思：我们真的有必要经常强调“我”吗？

“不要总是说‘我想’，应该要多征求对方的意见：‘你觉得怎么样？’”这是古希腊的大哲学家苏格拉底说过的一句名言。其实我们不妨仔细地观察一下，在和别人交流的时候，频繁的提到“我怎样怎样”，观察一下对方的脸色和情绪，你就会发现，这会引起对方的不耐烦和厌恶。交流的秘诀，其实是和驾驶一个道理，在行驶的时候，要时刻注意红绿灯等各种交通指示。与人交流的过程，要时刻注意对方何种反应和态度。如果对方已经表现出了反感，这时候你还不断强调自我，必然会导致双方的不愉快。

人天生就是自私、自我的，这种个性在小孩子的身上表现得尤为明显，比如小孩子们在做游戏的过程中，经常会有“我想”“我要”等的主观词语，这是人自我意识的一种天性。成年人之所以是成年人，是不能像小孩一样放纵自己的天性，所以当一个成年人总是强调自我的时候，会给周围的人留下一个没有教养的印象。

有一天，小A和小B在逛街，走着走着看到路上有一部手机，于是小 A 上去捡起来，发现是一部比较新的苹果手机，于是对小 B 说："这手机还这么新，不如就留着当备用手机用吧！"小 B 说："这样不好吧，失主一定很着急，我们把手机送到失物招领处吧！"

小 A 没有答应，小 B 也不好再说什么。两个人一边拿着手机，一边聊着天往前走，过了一会儿，丢失手机的主人找过来了，失主看到他们两个拿着他的手机，于是就赶忙追上去，想把手机要过来。小 A 和小 B 眼看失主就要追到跟前，也不自觉得加快了脚步，小 A 紧张地对小 B 说："他快要追上来了怎么办，我们完蛋了！"

小 B 听小 A 这么说，知道他是想把责任平均到两个人的身上，于是小 B 严肃地对小 A 说："手机是你捡的，也是你一个人想要占为己有的，如果真出什么事儿，也应该是'我完蛋了'，而不是'我们完蛋了'。"

在人和人的交往过程中，过多地强调"我"字，会给别人一种只顾自己、不顾别人的印象。这种负面形象就像是隔在人与人之间的屏障，严重阻碍了人际关系的发展。

在和人交谈时，说"我"和说"你"，二者给别人的感受是截然不同的，因此，在和别人交流的过程中，开口之前，要先想一下是应该说"我"还是"你"，人的心理就是这样奇妙。

在英语中，我就是 I，是最短的一个单词，所以不要把它的分量看得太重。“我”的运用，也不是每个人都能够把握得好的。

在一次公司的庆功晚会上，一个部门总经理在上台发言的时候，有人发现，他短短的五分钟里，居然出现了二十次“我”字。“我加班、我领导、我自愿……”这时候他的上级领导走到他的跟前，在他耳边悄悄地说：“抱歉打断你，请问你们部门只有你一个员工吗？”这一句话竟让总经理哑口无言。

亨利·福特曾经说过他最讨厌的一种行为：就是一个人整天张口闭口地把“我”挂在嘴边，一个霸占“我”字，随时随地、无时无刻不在说“我”的人，是不会受人欢迎的。

所以，一个会说话的人，不管走到哪里都是受人欢迎的。有几点建议，可以减少说“我”字，不妨来学习一下：

1. 用“我们”代替“我”

虽然“我”和“我们”仅仅只有一字之差，二者的使用带来的效果和给人的感受却是大不相同。因此，在和人交流的过程中，尽量做到多用“我们”来代替“我”。比如：“我提议，周六的时候……”，不妨换成：“周六的时候，我们一起……怎么样呢？”

2. 多说“您”字

在和别人的交往中，想要获得对方更多的好感，可以多加一个“您”字，这样不仅对你没有任何的损害，而且还能达到意想不到的效果。比如：“您怎么看？”“您有什么计划呢？”“可以说一下您的建议吗？”“请说一说您的想法吧！”

3. 必须用“我”时要注意语气

虽然我们强调大部分时候要避免用“我”，但也有不得不用的情况，这个时候，你就要做到语气温和，不能加重“我”字的语气，也不能把“我”字的语调拉长。说话的时候，要注意表情管理，目光要做到柔和不犀利，表情要收敛不要张扬，神态得体不要得意。要向别人陈述事实，而不要突出主观的自我，否则会难以让人信服。

一个自私、自我，以自己为中心的人，认为别人都是围绕着自己转，是不懂得如何尊重他人的。这样的人，别人都避之不及，通常会被孤立。因此，我们在和他人相处的时候，多说“你”，少说“我”，尽量不要把“我”放在嘴边上。

“说话”大课堂

除了用语言和别人交谈，大部分时候，用肢体语言也能有效表达你对别人的尊重，下面介绍几种生活中常用的肢体语言。

点头——多用于别人向你打招呼时回应对方。这是表示没有忽略对方的礼貌举止。一般在迎送场合应用较多，表示与对方见面或者分别的喜悦或难过。或者是在和别人交谈的时候，用点头来回应对方所讲的内容，以表示认同。

举手——也是礼貌的肢体语言之一，多用于和对方仓促擦身或者在远处遇见对方的情况。举手示意可以表示已经认出了对方，但没有过多的时间停下来和对方聊天，又怕匆匆离开而造成对方的误会。举手向对方示意，不仅可以和对方打招呼，还能消除对方的误解。

握手——用于长时间不见的朋友相逢，或者和朋友分别的时候来表达问候、不舍或歉意。还有一种情况，是在讲台上颁发奖品或者赠送对方礼物的时候，这时候的握手就代表着鼓励、感谢和祝贺的意思。

鼓掌——一般用于倾听别人在台上发言讲话或演讲的场

景。在对方停顿或者表演、演说完以后，想要表达对对方的赞许、认可或佩服，就可以拍手鼓掌。通常鼓掌会发出声音，但在一些场合下可以只做出鼓掌的样子而不出声，但应该确保能让对方看到。

弯腰——在向别人表达敬意或者歉意，以及向别人表示自谦的时候，可以用弯腰或者欠身的方式。这个动作和鞠躬不同，它只是身体微微向前倾，两眼可以目视对方，不用低头，也不用眼神向下。

起立——一种向对方表达尊敬的礼仪举止，一般表达主人对嘉宾光临的感谢，男士对站立女士的谦让，年轻人对年长者的尊敬，位低者对位高者的敬重。还有一种情况，是在送客人或者嘉宾离场的时候，可以短时间地起身来表达自己对对方的尊重。

第四章

你有多幽默，就有多讨人喜欢

▼

用幽默给爱情加点“糖”

如果说恋爱是一首优美的乐曲，那么幽默风趣则是这首美妙的乐曲中动人的音符。

恋爱是美好的，是享受的，是轻松自在、充满情感的。谈恋爱时板着面孔郑重其事只会让人觉得无趣，精心构思的一些既能表达情意又充满幽默的话语能够使纯真的爱情得到升华。

有一对情侣看完电影，从电影院走出来。女生对着男生说：“今天的电影真是感人至极！”男生笑道：“我只看到了银幕的右半面，没有看到左半面，因此不知道演得怎样。”女生听了后，疑惑道：“你怎么用这种方式看电影呀？”谁料，男生温柔地对着她说：“因为你坐在左边，我左边的眼睛一直在注视着你嘛！”女生听了，情不自禁地发出甜蜜的笑声。

在回家的路上，天色渐渐暗了起来，好像要下雨的样子。

女生望望天空说道："啊，好像要下雨了。"男生说道："有我在呢，这种小雨不会降低我们爱情的热度。我们一起坐公交车回去吧！"当坐上公交车，由于下雨，车内的人非常多，女生小声抱怨道："车子里好挤呀。"男生别出心裁地说："不管多挤，总有人可以悠闲地坐在里面。"女生惊奇地问："谁呀？"男生莞尔一笑："司机呀！"

像这样，男生总是能将女生逗得满脸笑容，他们的爱情充满了欢声笑语，充满了幽默风趣。

夫妻间时常来点幽默，能够使双方心情保持在愉快的状态，生活美满幸福。

有一位青年学者酷爱读书，他有读书到深夜的习惯，经常留妻子一个人在床上辗转反侧。

有一天，妻子委屈地对他说："如果我是一本书就好了。"青年感到不解，问道："为什么呢？"

妻子立刻说："这样你就能每天晚上把我捧在手心了。"

青年听完妻子的话觉得妻子很可爱，打趣道："那我每看完一本书就要换新的，那可怎么办？"

妻子急中生智道："那我就变成你每天晚上都看的那本大辞典！"

很多女人都喜欢有幽默感的人，即使他长相普通，但只要拥有幽默感便能加不少分。和幽默的人相处，时时刻刻充满着欢声笑语，心情也会情不自禁地好起来。和性情古板、整天不苟言笑的人相处，自己的心情就会变得低落起来。有情感心理学研究者认为，由于男人平时说的话比较少，所以，女人格外关注男人说话的内容。聪明的男人就会善于利用幽默，发挥自己的魅力，弥补自己平时话少的缺憾。

有一位妻子出差，临走前将家里的家务活儿分条列在纸上，并提醒丈夫做完一条就在后面标记一个对勾。

妻子走后，丈夫拿来纸条，只看上面写着：

第一条：整理冰箱，过期的食物及时扔掉。

第二条：打扫卧室和卫生间。

第三条：洗衣机内的衣服清洗并晾干。

第四条：多想想你的妻子。

看到纸条的内容后，丈夫为妻子的小心思感到好笑。几天之后，妻子回家，丈夫主动将纸条交给妻子。只见纸条上的前三条已经标记上了对勾，而第四条没有任何标记，表示没有完成。

妻子看到后很不高兴，说："这几天你都没有想我啊？"

丈夫回答说："第四条我也做了，但还没有做完，且永远也不会做完。"

妻子顿时满脸笑容，热情地和丈夫拥吻起来。

幽默的目的是使人发笑，使人获得愉悦感，忘记忧愁和烦恼。人只有在心情愉悦的时候才会发出笑声，才会消除隔阂，才会加深彼此之间的感情。所以，无论是夫妻还是恋人，不妨善用幽默，给爱情加点“糖”。

有些人已经意识到幽默的好处，却在想幽默时不知所措，下面几种幽默的方式可能会对你有所启发。

1. 运用反语

善用反语，正话反说，营造诙谐幽默的氛围。或利用语调的抑扬顿挫，字面上表达贬义，实际上表达褒义。

2. 以牙还牙

即以其人之道还治其人之身，针锋相对地进行回应。

3. 借题发挥

根据某件事或某句话，有意将事情扩大化，以完全不同的或完全相反的解释让别人会错意，使之产生有趣的联想。

4. 语意别解

根据说话的内容，另辟蹊径，不按常规的逻辑去理解，也不按说话人的意思解释，而是独出心裁。

5. 怪诞夸张

有意将事情夸大，夸大到怪诞的地步。过于夸张的话会使其本意变形，如同一面哈哈镜，总能引起别人哈哈大笑。

6. 旁敲侧击

旁敲侧击的特点是：说话人想表达的意思并不是很明显，需要听者有个回味的时间，过后才能体会到说话人的意思。

爱情给人带来甜蜜，在爱情中增添幽默就能给爱情保鲜。运用幽默的方式委婉地表达自己的情感，把话说到恋人的心坎儿上。

▼

巧学名家，玩转幽默

打开电视，幽默的综艺节目往往更能吸引人的注意力；谈恋爱时，幽默风趣的人更容易俘获对方的心；人际交往中，幽默的人更受欢迎。人们都想要让自己保持一个轻松愉快的心情，因此，带有幽默元素的事物就会更加吸引人，如果我们也能玩转幽默，肯定就会更加受欢迎。但是，幽默说难不难，说简单也不简单，想要玩转幽默必须具备一定的知识、机智和修养。许多名人名家就是这方面的佼佼者。如果我们能够学习到其中的精髓，必然可以将幽默应用自如。

著名的综艺节目主持人何炅，一直被认为是高情商的典范。经常收看湖南卫视的人肯定对何炅印象深刻，他不仅童颜不老，而且才华横溢，屹立在主持界二十多年，几乎没有任何污点。在俊男美女扎堆的娱乐圈，他的外表不算特别出众，但是他却凭借自己独特的幽默方式赢得了观众的认可与好评。

有一次，偶像组合“5566”参加快乐大本营节目。这个组合原本有 5 个人，但其中一个人因档期冲突这次没能参加。在现场自我介绍时，何炅脱口而出：“让我们欢迎这五位大男生……”话还没有说完就被谢娜打断了，纠正道：只有 4 个。

这个时候何炅马上反应过来，装作一脸无辜的样子，委屈地说道：“难道你们不知道我也加入‘5566’这个组合了吗?”

听了何炅的话后台下爆发出一阵阵笑声。何炅运用自己的智慧成功地将这次尴尬化解掉了。

世界著名小说大师马克·吐温，他能巧妙地运用幽默，将生活中的矛盾与纠纷以幽默的方式提出来并巧妙地解决。

有一次马克·吐温乘坐火车去一所大学讲课，但火车行驶得格外慢，因此没有在正常的时间内到达终点。眼看距离与学校约好上课的时间越来越近，马克·吐温不由得开始着急起来。他非常生气，但又不能直接对列车上的人发脾气，只能坐着干着急。正在这时，列车员前来检查车票，他灵机一动，想出了一个绝妙的发泄怨气的办法。列车员走过来请他出示车票，马克·吐温在自己的包里找到一张儿童票递给他。列车员看到车票微微惊讶了一秒，随即打量马克·吐温，微笑着说：“原来你还是一个孩子呀!”马克·吐温不慌不忙地说：“购买火车票时我的确还是孩子，但火车开得实在是太慢了，现在我已经长大了，希望火车到达终点的时候我没有变成一个白发苍苍的老人。”马克·吐温的回答让列车员和全车厢的人都笑了起来，车厢内抱怨不平的气氛顿时缓解了，列车员也向车厢内的人表示了歉意。马克·吐温如此幽默的回答向列车员表示了自己的不满，虽然不能改变火车太慢的现实，但是却能缓解自己糟糕的心情。

幽默的方式多种多样，如何巧妙地玩转幽默呢？下面的几点希望能够对大家有所帮助。

1. 甜美的幽默

1942年，作家周而复在上海举行婚礼，新娘是一位护士。周而复邀请钱钟书先生来主持婚礼。在婚礼上，钱钟书致辞：“新郎是一名文学工作者，文学讲究美。新娘是一名医学工作者，医学讲究真。美和真的结合，产生的自然就是善了。”钱钟书的这番讲话赢得了在场所有人的掌声，他的风趣，给人们留下永久的记忆。

2. 辛辣的幽默

辜鸿铭先生早年给北京外商五国银行团当过翻译。尽管那时候他的工资很高，但他始终对外国银行抱有反感的情绪。他每次领了工资后，都会在回家的途中散发给乞丐，并带着嘲讽的语气说："晴天，银行把雨伞借给你；雨天，银行就会把伞无情地收回去。"他的这句话在当时引起了强烈的反响，被收入《英国谚语》一书中。

3. 酸涩的幽默

法国著名哲学家蒙丹，在讲学中曾经说过这样一句话："良心是世界上分配得最公正的东西了。"有人问他，这样说的根据是什么，他回答道："因为，从来没有人抱怨自己缺少良心。"他的这句话幽默中带有着酸涩，发人深省，耐人寻味。

4. 咸渍的幽默

马寅初是我国"计划生育"的倡导者，他所作的《新人口论》受到很多争议。有不满他主张的人公开批评他，说尽了难听的话。有人为他感到不平，说："先生的忠言逆耳，他们居然泼冷水。"马寅初听了后非但没有同意那个人的说法，并笑着说："冷水又算什么，五十年来，我每天用冷水洗两次澡，不管是夏天还是冬天。"他的回答一语双关，表现了他坚忍不拔的意志与毅力！

幽默是生活的调味料，有着多种多样的表现形式，就像平时生活中的甜、酸、辣、苦、咸五味一样，在聊天中恰到好处地加一点幽默就能够使语言变得有滋有味。幽默在一定程度上体现了人的情商和智商，有幽默伴随，生活会变得更加惬意轻松，成功之路也会越来越平坦。

▼

幽默巧言入职场

幽默风趣的人往往更能吸引人的注意力，他们能够愉悦人与人之间的交往。生活中需要幽默，职场上更需要幽默。

李然是公司新上任的经理，由于是第一次当经理，她生怕公司的人不喜欢她。为此，她向公司的董事长请教，董事长只告诉她两个字，“幽默”。

李然生性开朗，也懂得幽默风趣，她清楚地知道幽默也需要恰当的机会。有一次，李然走出经理办公室下达通知时，发现员工们在一起聊天，可是一见到她，就马上散开回到自己办公桌上闷头做事去了。李然没有小肚鸡肠地发泄自己的不满，更没有批评员工的“玩忽职守”，她只是简单说了一句：“大家是不是怕我害羞？一看见我就不夸我了。”

这句幽默的话就像一阵春风，化解了办公室内的尴尬，员工们纷纷笑着说："是啊，就是怕经理害羞呀！"

之前，大家都不了解这位新来的经理，有点惧怕她，因为前任经理不允许在工作的时间内聊天，还经常以此训斥他们。而新来的李然不仅没有责骂他们，反而带着幽默和大家聊天，表现了她的平易近人，也使员工更加亲近她。

随着时代的发展，企业家们越来越注重幽默在职场中的作用。克雷福特公司的总裁曾经说过："幽默能够展示领导者们具有活泼的、富于柔情的心理。幽默的人能给人好感，在处理问题时不会轻易决策，能够做出正确的判断。"有企业家认为幽默是领导者必须具备的一项技能，幽默创造轻松愉快的人际关系，能让自己和别人都感到快乐。美国佛罗里达州的一家公司主管曾说："幽默，是职员必需的一项条件，而直接与客户接触的员工，更需要幽默。"

李涵在一家外企工作，老板是一位美国人。李涵在和老板相处时总会不失时机地展现自己的幽默能力，逗得老板哈哈大笑，化解各种尴尬。

有一次，老板起身不慎将可乐打翻在地，老板生气地说："我的办公室肯定要吸引大批蟑螂了。"李涵见状，思索片刻说道："老板，那是绝对不可能发生的事情，中国的蟑螂只爱吃中餐。"

听了李涵的话后，老板立刻笑了起来，拍拍李涵的肩膀表示满意。

领导在公司掌握着员工的生杀大权，如果员工不小心说错了话，结果可想而知。李涵是个机智而不乏幽默的员工，他懂得利用自己的幽默为老板解围，化解尴尬，带来欢乐。

黄雷是一名普通的公司职员，由于单身的他不怎么注重自己的形象，每天都是到了公司后才拿出自己的刮胡刀刮胡子。显然，他这样做不符合公司的规定，也影响了周围人的工作。一天，黄雷又在刮胡子时，总经理正好从他身边经过，黄雷知道这次自己肯定逃不过去了。果然，总经理说："黄雷，别人都在干劲十足地工作，你却一心一意地刮胡子，这不是第一次了，你该如何解释呢？"

当着众多同事的面儿，黄雷觉得自己的面子不能丢，他思索片刻便说："总经理，是这样的，我的胡子只有在白天上班的时候才长出来，我也没办法啊。"

"我看，有一部分胡子是在下班时间内长出来的吧。"

听到总经理这样说，黄雷立即为自己辩护道："总经理，您说得对。所以，每天上班我只剃掉一部分的胡子，剩下的胡子留着晚上回去剃呢。"

听着黄雷的"强词夺理"，办公室内的同事都不由得哈哈大笑起来，总经理也被他的话逗笑了，没有训斥他。

像这样，黄雷用自己的幽默换来了总经理的宽恕。当然，并不是说任何犯错的场合都适合用幽默化解，在一些不是特别事关原则是非的问题上，而当时的场合又不是很严肃的话，可以适当地来点幽默，化解上司的怨气。

同时需要注意的是，对领导提出的批评要认真对待，如果在幽默后仍然我行我素，只会害了自己。

很多人清楚地知道幽默的作用，但是奈何自己完全没有幽默细胞，不知如何是好，究竟怎样才能培养和提高幽默能力呢？

1. 从生活中寻找素材

生活中有很多喜剧素材，需要我们善于寻找，善于发现，善于变换视角，并积极地利用起来。

2. 要学习幽默技巧

每个人并不是一生下来就具有幽默细胞，往往都是后天学习掌握的。有关幽默的书籍和先人的经验，都包含太多的幽默技巧，对我们有所帮助。

3. 大胆地表达幽默

注重实践，大胆地表达自己的幽默。注意区分时间、地点、对象，恰当地展示自己学习的幽默技巧。

随着时代的发展，社会竞争愈发激烈，人们为了挣钱，整天在职场中忙忙碌碌。如果能够善于利用幽默，就能够缓解压力，维护好职场关系。

▼

用幽默反击，让对手无路可走

在现实生活中，总会有一些蛮横无理的苛责刺痛我们的内心，假若盲目回击，往往是我们自己受到更多损失，而不是伤害我们的人。如果无礼地以牙还牙，也会贬低我们在其他高尚之人眼中的地位。那么这时候，你就可以用幽默的方式，以彼之道，还施彼身。

周恩来总理是一位能言善辩的外交家，在处理国际关系事务时，他总能巧妙地应对。

有一次美国代表团来华访问，其中一名官员对周总理说："我们美国人总是抬着头走路，而中国人很喜欢低着头走路。"这句话一出，在场的中国人都十分气愤，但是在外交场合又不能发作，而忍气吞声又会有损国威。

这个时候周总理面带微笑地说："这并不奇怪。因为我们中国人喜欢走上坡路，而你们美国人却喜欢走下坡路。"

又有一次，一位外国记者不怀好意地问周总理："为什么在中国明明是人走的路却叫'马路'呢？"这位记者明显嘲笑中国人，把中国人比作牛马。

这个时候周总理不慌不忙地说："之所以叫马路，是因为我们中国人走的是马克思主义道路，简称马路。"

还有一次，周总理举行记者招待会，在会议上详细地介绍了中国目前的建设成就。在记者提问环节，一位外国记者问周总理："现在中国人民银行有多少资金？"这位记者明显想借此问题嘲笑中国人穷，银行没有资金。

这个时候周总理一脸认真地说："中国人民银行的资金一共有 18 元 8 角 8 分。"记者不解地说道："中国人民银行就这些资金了吗？"周总理解释道："中国人民银行发行的面额有 10 元、5 元、2 元、1 元、5 角、2 角、1 角、5 分、2 分、1 分，十种人民币面额，合计为 18 元 8 角 8 分。"

周总理在外交场合总是能凭借自己的机智化解各种尴尬，幽默地反击对手，让人佩服万分。面对外国记者咄咄逼人的提问，我们敬爱的周总理没有不顾场合严厉地指责，而是以大度、谦逊而富有趣味的语言加以回击，及时地维护了国家的尊严。

幽默是人际交往中的润滑剂，幽默能让产生的摩擦与冲突得到有效的缓解，从而避免了尴尬与难堪，缓和了双方的矛盾，使问题迎刃而解。

在日常生活中，幽默诙谐的语言常常出现在善于驾驭语言者的辩驳中。这种语言风格仅从辩驳的角度来看，就是紧扣对方言语中的词性、色彩、使用对象以及当时所处的环境等要素，来一个与之截然相反的言语妙用，从而有力地传达自己的观点，达到既让对手拥有一种全新的认识，又能驳斥对方不当言论的目的。下面几种运用幽默辩驳法的常规形式可供借鉴。

1. 按照常规的类比推理

类比推理是人们惯用的辩驳手段之一，其特点是类比的类比体与本体之间有某种类似之处。然而，如果我们在辩驳别人的本体之时，故意使类比体与本体语义或感情色彩等截然相反或者毫无关联，相悖于常情常理，从而形成巨大反差，那么，辩驳中就会产生某种诙谐趣味或幽默感。

英国前首相麦克米伦以善辩著称，在一次关于救济失业者的辩论中，针对某些人将自身义务推给各级地方政府的言论，他辩驳说："财政大臣不惜错失大显身手的时机，宁愿承担照管失业人员95%的义务，却对余下的5%犹豫不决……那么，他凭什么要求地方当局的资助呢？这原本是一个显示自身慷慨大方的契机，却白白放过了，这位令人万分敬佩的先生如同一位怯懦的情人，他在准备举行婚礼时，却对他的新娘说：‘我把自己95%的财产都交给你了，那留下的5%得凭你自己去取了。’”

这里，麦克米伦使用的辩驳之法便是以人情来对事理。由于将本体“中央政府”以类比体“先生”进行类比，又将对方在辩论中对“地方政府”的观点嫁接到与之相对应的“新娘”中去，于是达到了诙谐幽默的反驳效果。

2. 违反常规的将心比心

让人与人之间和睦相处的方式之一就是将心比心。但是，在有着巨大差异的事或人之间，如果运用“将心比心”去辩驳，并发自内心地去“同情”对方，那么，在其感情色彩的巨大反差之中，便能达到幽默反击的效果。

比如，医生与水暖工这两种截然不同的职业，按理说，二者不仅是知识分子与工人的差别，还有着社会地位的巨大差距。但偏偏发生了这样一件事：有一位医生家里厨房的下水道被堵住了，于是请来了一个水暖工。花了不到一个钟头，医生家的下水道就给疏通了。然后水暖工把账单递给医生，上面写着：“修理费用共计两百元整。”医生看到修理费用之后惊讶万分，不满地说：

“你们水暖工凭什么一小时就要收两百元？我当医生出一

次诊才收一百元呢！”那水暖工坦然自若地辩解说：“正因为如此悬殊的差异，我才从去年开始不做医生了，而换了这份差事。”这里，水暖工为自己较低级的劳动索要较高的酬劳，找到了一个无懈可击的理由便是：医生这样高尚的职业，水暖工也曾经干过，也就是我也和你一样高尚过。所以这样的身份与收入的反差不足为怪。于是，一番违反常规的将心比心，便轻松地将对方陷入无话可说的境地。

3. 进行虚与实的反比或反衬

常言道，事实胜于雄辩。因此，当我们以为对方论辩的事物有虚妄与荒诞的嫌疑时，可以趁机抓住实际生活中与之成对立面的实在之物，做一番反比或反衬式的辩驳。为使自身的辩驳既有道理又显风趣，最好以普通人常见的寻常事物为据，以增强其真实性，使之与对方所论碰撞出幽默的火花。

一次内阁会议上，英国前首相麦克唐纳和一名官员谈论当时和平的可能性。那位官员对首相的乐观心态与理想主义嗤之以鼻，便讥讽道：“即使对和平的渴望再强烈，也无法达到和平。”麦克唐纳听罢，当即辩驳道：“你说得一点儿也没错，即使对食物的渴望再强烈，也无法使你果腹。然而，它却可以促使你尽可能快地向餐馆走去。”

显而易见，麦克唐纳反驳时所说的“对食物的渴望”完全是从对方所言的“对和平的渴望”仿造而来，但是麦氏所言的“对食物的渴望”既具体形象又贴合实际，因此只需稍加引申，便不费吹灰之力抢占上风，同时还使自己的辩驳增添了些许幽默的味道。

4. 一语双关

一语双关指的是利用语音和语意上的联系，用一个词语将两件事情联系起来，使之具有双重意义。利用双关能够曲折地表达感情，使语意含蓄幽默。言在此而意在彼，明里说东，实则说西，明里指桑，实则骂槐，这是一种深层次的幽默，需要对方去领悟。使用双关语需简单明了，如果不简单明了就不能让人一听就懂，不能起到预想的效果。同时，使用双关要适度，不能为了双关而双关。

纪晓岚与和珅同时在朝为官。纪晓岚担任侍郎，和珅担任尚书。有一次，两人一同饮酒，和珅指着一只狗问：“是狼是狗?”纪晓岚十分机智敏锐，心中立即料到和珅是在拐着弯骂自己，便给予回击。他淡定自若地回答道：“垂尾是狼，上竖是狗。”

这“侍郎”与“是狼”为谐音，“尚书”与“上竖”为谐音，和珅巧用谐音讥讽纪晓岚，自以为胜券在握，聪慧过人，出乎意料的是纪晓岚巧妙地以彼之道，还施彼身，从而没有让小人占到半点儿便宜。

利用幽默反击对手，最主要的目的是在反驳的过程中委婉地告知对方的错误和荒谬之处。幽默地反击，不仅能使对方折服于你的睿智，更令其折服于你的宽广胸怀。

▼

自嘲也是一种幽默

幽默是一种智慧，一种化解尴尬，以愉快的方式娱人的智慧；幽默是一种能力，一种懂得并会表达幽默的能力；幽默是一种艺术，一种促进你与他人之间的关系，并使你善于对自己做真诚评价的一种艺术。因此，幽默是我们每个人都应该具备的。

自嘲也是幽默的一种，它是对自我的幽默。是让你在人际交往过程中，转危为安、反败为胜的利器。适时、适度地自嘲，不失为一种高雅的、魅力四射的交往技巧。自嘲，能制造轻松愉快的社交氛围，能体现出自己的智慧，同时受到别人的尊重。

具体来说，自嘲的作用有以下几个方面。

1. 自嘲，能够显示宽容和大度

一次贵宾招待会上，服务员为宾客们倒酒时，不慎将啤酒溅到一位宾客那光秃秃的头顶上。服务员顿时大惊失色，紧接着不住地向这位宾客道歉。这时两人成功地吸引了全场人的目光，会场上瞬时安静了下来。众目睽睽之下，大家都以为这位客人会恼羞成怒而大发雷霆。万万没想到的是，这位客人却开玩笑似的说："小伙子，你难道觉得这种酒能治疗脱发吗？"此话一出引得哄堂大笑，尴尬的局面一下子就被打破了，这位宾客的一番自嘲，不仅向大家展示了自己的幽默与大度，又巧妙地为服务员脱离了困窘的境地，使得招待会能愉快地进行下去。

当你被别人不慎冒犯时，可以适时、适度地自嘲一下，从而化干戈为玉帛，这样既展现了你的涵养，又能显示你的大度。

2. 自嘲，能够赢得理解和尊重

班奇以幽默著称于美国，有一次，他在自己的演讲中说他发现自己没有写作的天分竟然花了十五年的时间，但是更为可惜的是，他并没有为此而放弃，因为此时自己已经成为著名的文学家了。

无论是在关系要好的朋友中，还是在陌生的群众中，能够讲述一些有关自己的笑料，能够适度地自嘲，反而能够赢得别人的尊敬与理解，这可比开别人的玩笑要好得多。

3. 自嘲，能够赢得好人缘

人人都向往愉快而舒心的生活，但生活中总有不如意的时候，而会自嘲的人便知道该如何调剂。即使面对自身的缺点他们也会通过自嘲以独有的幽默和调侃的语言给人们带来欢笑。他们乐观积极地看待问题，充满激情地面对生活，浑身上下传递着正能量。乐天、幽默就是他们的标签。自嘲还是一种情趣，如此富有情趣的人怎么会没有好人缘呢！

在事业单位上班的老杨是出了名的好人缘，单位上无论是有资历的领导，还是刚入职的新员工，只要提起老杨，大家都交口称赞。

老杨是个肥胖的中年男人，因为体形过于庞大，生活中总有很多不便之处，也闹过不少笑话，可是他从未因此而自惭形秽。一次，同事们在闲聊时提到了“胖”这个话题。性格爽朗的老杨立即接过话茬，对同事们说：“说出来你们肯定不信，其实我非常有爱心，有礼貌。我经常在公交车上主动为有需要的人让座，而且我让出的座位完全可以让两位老杨或两个孕妇同时坐下。”老杨的一番自嘲惹得在座的同事们开怀大笑，老杨在轻松欢乐的自我调侃中表现了自己的自信和亲和力。老杨的自嘲让他在与身边人交谈时，更为和睦融洽，不仅展示了自身的人格魅力，还拉近了和他人之间的心理距离。

4. 自嘲，能够缓解尴尬

在人际交往中，遇到一些尴尬的事在所难免，但如果你懂得自嘲，巧妙地自我揭短，也就能化险为夷，从而不使自己的形象受损。

美国总统林肯的妻子十分泼辣，稍有不满就对人破口大骂。有一次，送报的小男孩延误了送报的时间便遭到了林肯太太的一番辱骂。男孩跑去向报社老板哭诉，说她太无礼、太过分，并要求以后再也不去她家送报了。后来，老板向林肯提起此事，林肯听了说：“别提了！我都忍受她数十年了，这个小孩子才挨一两次骂，算得了什么呢？”

5. 自嘲，能够摆脱困窘

在婚姻生活中，免不了会对对方产生误会或者不信任。无论对方是有心试探还是随便说说，对双方而言都不是件愉快的事情。即便如此，我们也不能轻易发脾气、吵架甚至冷战，因为这些并非明智之举。此时我们不妨自嘲一番，或者它能救你于水火之中。

公司派王茹去外地进修。临行前，她的丈夫调侃她说："我不在身边，你指不定会看上哪个帅哥呢！"王茹笑着说："老公，您放一百个心吧，瞧瞧我这副模样！好不容易有张瓜子脸结果还是倒着长的，好不容易有两条大长腿却打着弯，恐怕也只有你愿意看上一眼呢！"这样一番自嘲立马把丈夫逗笑了，而他心中残留的担忧也彻底消失了。

每个人对自己外表的不足都有所隐晦，但这位妻子不但坦然接受自己的不完美，还用自我揭丑的方式给丈夫注入一针"强心剂"，通过自嘲的表达方式体现了一种潇洒情怀和人生智慧。比起信誓旦旦地向丈夫保证决不会看上帅哥，自嘲的效果不是更胜一筹吗？

自嘲不是自我讽刺，不是自我出丑，不是顾影自怜，而是为我们化解紧张气氛，建立起心理平衡的手段。在我们受到误解时，用自嘲的方式为自己辩白，不仅让自己脱离困窘的境地，还能获得他人的理解与信任，何乐而不为呢？

“说话”大课堂

幽默虽好，但凡事过犹不及，还是需要注意以下几点：

1. 不要随意使用幽默。

幽默应在某些特定的场合和条件下发挥，并不能适用于所有场合，例如：在一个庄重的会议上，当有人发言时，你忽然冒出一两句玩笑话，可能旁听者会被你的幽默逗开心了，但那个正在发言的人一定认为你不尊重他，对他的发言不重视、不在意。

2. 幽默的同时也要保持高尚雅致。

在交往过程中，很多人在开玩笑时因为把握不好尺度，结果使对方陷入难堪，从而伤害了彼此的情谊。

3. 不适合幽默的时候，无须生搬硬套。

如果所处的环境不具备使用幽默的条件，你却硬要表现出幽默，就会使对方很难配合你，或者只能礼貌而又不失尴尬地一笑，想必气氛非但没有得到缓解反而会更加冷寂。

幽默是一种高雅的气质，是一种魅力四射的交际技巧。能够恰到好处地使用幽默才能让你在复杂的人际交往中如鱼得水。

第五章

赞美，拓宽你的朋友圈

▼

夸到点子上，对方心里才舒坦

每个人都想要获得他人的称赞。不管是天真烂漫的儿童，还是步履蹒跚的老人，都是如此，赞美可以让人们更加自信，获得满足。

虽然人人都喜欢听到赞美，但不是所有的赞美都能够打动对方，让对方心花怒放。因此，我们在赞美他人时，要讲究方式方法，例如，我们可以称赞那些你从未见过对方穿着或佩戴的“身外之物”，也可以称赞那些他鲜为人知却十分自得的事……而无论是哪种方法，其关键就在于要夸到点子上，这样对方才会发自内心地高兴起来。

小姚长着一张“明星脸”，每次他和别人初次见面时，对方总是会提到他长得特别像某个明星，朋友们一起出去玩时，也会经常拿这件事打趣。通常，大多数人听到别人说自己长得像某个明星，都不会生气，可是小姚听着就是觉得不高兴。

原来这位电影明星总是演一些反面人物，这样一来就像是在说小姚很像反面人物似的。

其实，别人在说这些话时，是带着半奉承、半调侃的意味的，并没有贬低他的意思。但是，这些话小姚并不爱听，所以最终就只剩下调侃的意味了。

因此，当你在夸赞别人时，首先要知道对方更想要听到什么样的赞美，然后再量体裁衣，让你的称赞正中对方的心里，这样才能让对方获得满足。

但是想要夸到点子上并不是一件容易的事，有许多问题都需要注意。比如，要把握好夸人的时机，时机把握准确了，才能取得更好的效果。而且，夸赞前的思考通常都必须在极短的时间内完成，它既要求你足够机智灵敏，还要保证工艺足够精良，而这些都是需要在旷日持久的实战中不断磨炼才能修炼到位的。夸得准确有力，夸得恰如其分，才能塑造一次完满的赞美。

小蒋是一位普普通通的小职员，而且长得又黑又矮，形象不是很好。不过，他的女朋友却是样貌、身材、气质样样出众。于是，朋友们经常打趣他说："你说这么一朵美丽的鲜花，怎么就看中你这坨牛粪了……"有一次，小蒋跟朋友们一起去聚餐，小蒋问道："跟我的女友一比，我是不是又黑又矮，配不上她？"一时间几个朋友你看看我，我看看你，都不知道应该怎么回答。如果说实话吧，他现在的情绪本就有些不对劲，肯定会让他的自尊心更加受挫，自信心也肯定会受到打击；如果说假话吧，又不太合适，毕竟他肯定是已经认识到了这点才会问这个问题……正在他们游移不定的时候，一位年纪稍长的人开口了：“照我看来，你的女友那么漂亮，肯定是因为你有足够的‘男子汉’魅力才会选择你的，你们说是不是？”“就是！就是！这话对极了！”“没错，就是这样……”其他人都连声附和着。小蒋听得心花怒放，聚餐气氛也更加轻松、和谐了。

由于这份与众不同的赞美，聚餐的气氛发生了极大的转变，小蒋更是因此十分自得。而正是由于对方夸到了点子上，才得到了这么好的效果。试想一下，如果答话的人直接陈述事实：“你们确实是有点不般配。”或者带着安慰或奉承的态度道：“怎么会，你们很有夫妻相的。”第一种答法可能会导致聚餐气氛一直尴尬下去，甚至更加尴尬，或是引起双方的矛盾；而第二种答法明显带有安慰或奉承的意味，小蒋听了也不会相信，虽然多少会起一些作用，但是与故事中的回答方法比起来，明显稍逊一筹。由此可见，赞美的语言不在多，而在于“准”。夸到点子上，才是最重要的。

某位经理白手起家，经历了一段艰苦的创业时期，终于取得了成功。他的汽车是从创业时起就一直跟着他的，现在虽然已经又老又破了，可他怎么也舍不得换掉它。像他这样的人，是各个汽车公司最好的潜在客户，可是一直以来都没有人能劝服他。这是为什么呢？

原来，这些销售人员在向他推销时总是说“您这辆车子实在太破了，完全配不上您的身份……”“您这破车肯定修理得特别频繁，浪费这些钱还不如直接买一辆新车……”这类的话。而这些话总是让经理觉得不舒服。后来，有一位销售人员这样对经理说道：“您的车子保养得真好，应该还能再用几年，现在换掉它确实有点儿可惜了。不过，您能让这辆车行驶了 20 万公里，您真是太厉害了！”销售员的话一下子就说到经理的心里。虽然他的话里隐晦地说车子太旧了，但是，表面上完全不露痕迹，让经理很高兴。

这位销售人员揣摩到了这位经理的真实想法，夸赞到了他的心里，也规避了批评指责的话语，最终拿下了汽车订单。由此可见，夸到点子上，这份夸赞才是有效的，这就要看说话者的能力了。

俗话说：“好钢要用在刀刃上。”掌握好赞美的火候，夸到点子上，才能取得双方都满意的结果。

▼

别出新意的赞美，才是真的美

每个人都有被人欣赏、被人赞美的需求，而对他人的赞美往往有着神奇的力量，既能让得到赞美的人心生愉悦，也能让自己获得快乐甚至是意料之外的回报。但是，赞美必须是发自内心的，也必须是能够真正让对方感到愉悦的。因此，那些“千篇一律”“老生常谈”的话语，有时候不仅起不到想要的效果，反而会引起对方的厌倦乃至反感。因此，我们在赞美别人时加上一些“新意”作为调料，选择能够打动对方的赞美方式，才能够起到最佳的效果，让你的人际关系变得和谐、稳固。

那么，怎么才算有新意的赞美呢？

1. 新意的表达方式

善于赞美，最好能够在表达方式上推陈出新。美国著名政治家、物理学家富兰克林，还是一位出色的社会活动家，他赞美人的方式值得我们借鉴。

三十岁时，富兰克林当选了宾夕法尼亚州议会的秘书。这对于家境不算很好的富兰克林来说，是一个比较大的人生转折。但是，他在这个职务上并不顺利，因为有一位新议员突然发表了一篇长长的演说，将年轻的富兰克林贬得一文不值。同时，这个议员也从来不跟富兰克林说话，让他在议会中的地位很尴尬。那么，富兰克林是怎样让这个敌视他的人改观的呢？富兰克林在日后回忆这段经历时讲述道：

“对于这位新议员的突然攻击，我一开始当然愤怒不已。但是我知道，他是个德高望重、学问渊博的绅士，在议会里很有影响，我跟他对抗肯定是以卵击石。当然，我是绝对不会靠阿谀奉承来换取他的好感的。所以，我在遭到攻击的几天之后，采取了一个适当的方法化解了这场危机。我早就听说他的藏书室里有几部名贵、稀有的书，于是就给他写了一封短信，告诉他我很喜欢这些书，希望能够读一读。他是个爱书如命的人，从前觉得我是个没读过几天书的粗人，没想到我竟然对书感兴趣，于是很快给我送来了。一周之后，我还了那些书，并送上了一封言辞热情的感谢信，信中写了我对书的理解，并不露痕迹地恭维了他对书籍的高尚品味。不久之后，这位固执的绅士见到我时竟然主动和我打招呼了。此后，我们就成了忘年之交，我们的友情一直持续到他去世为止。”

就这样，富兰克林用一种“润物细无声”般的赞美方式，将一位对手变成了终生的朋友。可见，表达赞美并非只有口头夸赞这一种方式，而是要既考虑新意，又预估到对方的感受，这样综合性思考之后才能找到最为恰当的方式。

2. 新颖的语言

赞美的语言往往是甜蜜的，带给对方的是一种如沐春风般的感受。但是如果这种赞扬过于单调、重复，就会变得平淡无味了。所以，赞美的语言也要追求新颖，这样才能有魅力和吸引力。

有一位非常漂亮的女子，她对于反复夸奖她长得漂亮之类的语言已经麻木了，但是有一个人说像她这样气质不凡的女人应该去演电影，让全世界的人都欣赏到她的美丽时，她笑了。

有一部国外的电视剧中有这样一段情节：女儿正在厨房做饭，父亲走进来说：“多么丰盛的晚餐，如果我此时没有好胃口的话，真的会像天上没有星星一样遗憾。”女儿不由得露出发自内心的微笑。

3. 独特的角度

俗话说：别人嚼过的肉不香。有的人缺乏赞美人的艺术，在公开场合赞美别人时，只能人云亦云，附和别人的话，这样的赞美，无疑没有任何意义。

对一位成功的企业家来说，经营有方之类的赞美听得太多了，在他们眼里不过是毫无新意的客套话罢了；但是如果有人称赞他目光炯炯有神，气质儒雅大方，他反而会产生由衷的喜悦。

一个成绩出色的女运动员，有人称赞她：“你真是个了不起的运动员。”她很可能无动于衷，因为她觉得这是对自己的成绩理所当然的评价。但是当有人指着她的头发说：“你的头发真的浓密又顺滑。”她很有可能会露出欣然的笑容。

赞美的角度很重要，找到独特的角度很可能让赞美的效果事半功倍。不要害怕找不到这个角度，因为每个人都有他的独特之处，就看你有没有一双善于观察和发现的眼睛。要想发现别人的“闪光点”和“兴趣点”，不仅要独具慧眼，还要有一颗真诚的心。

▼

赞美的尺度，你能把握好吗

戴尔·卡耐基说过这样一句话：“在你每天的路途上都留下些友爱的赞赏火花，那么当你下次路过的时候，你会发现到处都有友谊之火温暖着你。”日常生活中离不开形形色色的人，赞美变成了交流过程中最能增进感情的方法之一。赞美可以说是一种披着漂亮外衣的手段，地点场合不限，于己于人都是如此。适当的赞美让人心情愉悦，让别人愿意跟你进一步地交流，彼此之间的交际也会更加顺畅。虽然嘴巴“甜”一点，时常给别人赞美很好，但是切忌贪多，随时把控分寸，因为过多、过度便会变成谄媚。不但达不到你想要的目的，还会适得其反。

在销售行业里面，全方面赞美购买者的情况屡见不鲜。赞美别人就像给一道甜品加糖，一直不停地加糖，完全忽视甜度比例，最后只能是一道失败的甜品。

欧阳年轻的时候曾到一位年轻的公司老板那里去推销自己的设计产品。到了老板的办公室后，欧阳赞美年轻老板："您好，非常感谢您百忙之中牺牲宝贵的时间见我一面呢，没想到您这么年轻，就已经这么成功了，像您这样的企业家在业内可不多见呢。能冒昧地问一下您是多大的时候开始创业的吗？"

"16 岁。"

"16 岁！真是了不起呢，很多人 16 岁那么大的时候，别说创业了，都还在跟爸妈撒娇呢。那您是什么时候决定自己开公司，做老板的呢？"

"大概三年前。"

"真的吗？看您这气质可一点都不像是刚做三年的老板呢，运筹帷幄的架势特别帅。这么短的时间，您能有这样的气度，真的不是一般人能比的啊。"

"没有，过奖了，主要是小时候家境不好，弟弟妹妹还小。我做大哥的，为了能让家里轻松一点，就想着出来打工，贴补一下家里，家里人能过得轻松点。"

"您又厉害又懂事，这要是别人肯定做不到您这么优秀。"

就这样，一来一回，一问一赞，俩人的话题进行了很长时间，最后连那位老板八竿子打不着的亲戚都夸赞了一遍。天色渐晚，两人道了别，欧阳走出公司大门之后，看着自己带去的设计产品，愣住了：自己赞美得忘乎所以，关于设计产品一个字都没提。

一个月后，欧阳在一次企业家见面会上偶然又碰到那位老板，老板向欧阳坦白："其实一开始我对你的设计产品还是很感兴趣的，也有在考虑投资的问题。那天的见面，我说实话，一开始你的赞美的确很管用，我很开心也很舒服。不过后来，没完没了的赞美就让我有点不耐烦了，产品具体有没有投资的必要，我也就不那么关心了。"

的确，赞美别人是最廉价的投资，却能给你带来无限的好处。不要以为自己毫不吝啬赞美，你就可以得到最终满意的结果。不要忘记一道好吃的点心需要有完美的糖分比重，一道美味的菜肴也需要一定的火候烧制。不管对象是什么人，过度的赞美也会引起反感，更甚者会被曲解。故此，赞美的话不能滥用，要适可而止，不能把赞美变成使用过多华丽辞藻的恭维和奉承。很多事情都是过满则亏，赞美亦是如此。你要记得，赞美的初衷不是为了维系人际关系的最终目的，而是为了拉近双方距离，示好的一种手段。

美国的一位科学家曾经发表过一篇报道称：常常相互赞美的两个人，看彼此的时候眼睛里面是会有爱的，而且两个人的关系会比不善赞美的双方和谐。赞美需要真诚，赞美需要真心。赞美在人际交往中常常发挥着意想不到的作用，它像一种神奇的调味品，让彼此的相处都异常的顺畅。赞美就像是一个回力标，在夸赞别人的时候，自身也会觉得开心。

那么，赞美的分寸又怎么掌握呢？

1. 赞美要恰如其分

恰如其分就是告诉我们，其实赞美不一定是在特指对方的一件多么了不起的事情，可以是小的事情。但是注意，夸赞不要太泛泛而谈，一看就透着虚假。只有真心、恰如其分的赞美才能收效显著。

2. 赞美要毫不过分

所罗门曾说："每日早晨，大夸你的朋友，还不如诅咒他。"毫不过分就是说赞美要切合实际，不能自顾自地夸夸而谈，这样看上去容易给人在拍马屁的错觉。倘若你的赞美太过浮夸，赞美也就变了味，对方很容易就会怀疑赞扬者的真实目的，搞不好就会"拍到马腿上"。赞美的本质是真诚，有所保留的。

举个例子：如果你的一位好朋友的字写得很好看，你想赞美一番。你对他说："你写的字是全世界最漂亮的！"试想你的朋友听到后会觉得开心吗？没准会以为你是在讽刺他呢。而如果你说："你的字写得很漂亮！"或许你的好朋友会开心地蹦起来，再顺便给你一个拥抱呢。

3. 赞美频率不要太多

有些药要是吃得多了，那么身体里就会有抗体，下次再次服用的时候，效果就不会特别明显。同样的，赞美次数过多，本来应该有的效果也会被削弱。赞美要有尺度和限度，也要结合实际情况。赞美很珍贵，不要张口就来。

4. 赞美要因人而异

什么样的话，该给什么样的人说是有差异的。同样一句话，你跟 A 和跟 B 说，会收到两种不一样的结果。就比如，“生财有道，定发大财”这句话，如果你跟一位老板说，他会很开心的。可是这句话要是跟一位政府官员说，那么他可能会恨你一辈子。赞美也要看清楚对象，不要“乱弹琴”。

▼

领导应学会赞美下属

被别人赞美和夸奖是人人都渴望的一件事，是每个人生来就有的本能欲望。因此，受到他人的赞美，以及获得赞美的程度，成了判断一个人社会价值的准则。每个人都希望自己的价值被肯定、被赞扬。

作为领导，肯定下属的表现，给予其一定的赞扬至关重要。下属在团体中获得了优良成绩，毋庸置疑，为公司带来了贡献，是一件值得被赞扬的事情。同时，赞扬其表现，能激励他更加奋发向上。

子申大学毕业后进入一家销售公司成为销售员。刚开始工作时，他的销售业绩很不理想。但是，渐渐地，他对公司业务越来越熟练，人际关系越来越广，他的销售额开始逐渐上升。等到第五年，一次偶然的机会他得知自己是全公司的销售冠军。但是，由于公司从来不公布每个人的销售额，因此子申的业绩从来没有受到公司的表扬。

子申认为自己对公司的贡献没有得到充分的重视，而最令他烦恼的是，公司从来不指出谁的业绩最差谁的业绩最好，公司内部的销售员工也渐渐地不在乎自己的销售额了。子申听说本市另外两家同类型的公司最近在搞销售竞赛和奖励活动。那些公司会对每个销售员的销售额进行分析与评价，并且会表扬每季和每年的最佳销售员。对比自己的公司，子申很是不满。

子申找到公司的总经理，将自己的想法和建议告诉了经理。谁料，经理说公司的规定就是这样，十几年来都没有变过，因此拒绝了他的建议。

子申对经理的说法感到恼火，又为公司的做法感到无奈。没几天，同是一家销售公司高额聘请子申，子申认为既然自己的贡献没有被给予充分的重视，也没有得到相应的回报，继续留下去的干劲也没有了，于是便递交了辞职信。

正是因为公司没有及时肯定子申的表现，缺乏有效、正规的考核机制，才导致一名优秀的员工弃之而去。

赞美下属是必要的，当然，赞美下属也需要技巧，并不是随意说几句恭维话就可以奏效的。

1. 赞美要及时

对于在团队中获得优良成绩的下属，领导者应及时夸奖，万万不能拖延数周，迟到的赞美就会变味，被赞扬者的心境也会发生不同，那赞美也就失去了意义。

2. 赞美要态度诚恳

赞美下属态度要诚恳。真心实意的赞美，会让人觉得受到了重视。有专门研究社会关系的学者曾经说过：“真心诚意是人际沟通中最重要的尺度，多数人交友都是看对方的态度决定的。”与他人的交往不是真心诚意，而是掺杂虚假的话，那么很难与其建立良好的人际关系。赞美下属也是一样，首先确认下属确实有可值得赞扬的地方，其次要带着真心实意的态度去赞扬他，最后注意赞美的语言要避免空洞、刻板、公式化、机械化，这样的赞美之词只会令人感到言不由衷。

3. 赞美要注意具体内容

赞美的内容讲究具体、真实，单调的“你很棒！”“你表现得很好！”“你很努力！”之类的赞扬只会让人觉得敷衍，因此赞美需要有具体事实的评价。例如：“你这个月的销售业绩领先于其他同事，非常不错。”“你这次会上提出的建议，是一个能针对目前问题解决的好方法，你很有想法。”“这次客户的投诉，你处理得非常好，挽回了公司的信誉，我看好你，加油！”表扬他人最好是根据某件明确的事情，就事论事，哪件事值得赞扬，哪里做得恰当，做到具体、准确，这样才能引起被赞扬者感情上的共鸣。

4. 赞美要注意场合

在众人面前赞美下属，对于下属而言，是莫大的鼓励，不失为赞美的一个好方式，但是值得注意的是，倘若被赞美的下属的表现没有得到大家的认可，其他下属难免心中不服。因此，公开赞美最好是在被赞美者的表现得到大家一致认可的前提下实行。

5. 赞美、批评分开

很多领导者喜欢先表扬下属，然后开始“但是、当然”一类的转折，怕下属过于骄傲自满。但这样的赞美是没有意义的，它会使原有的夸奖失去作用。合格的领导者应当将表扬、批评分开，表扬的时候只是表扬，有可批评的地方事后寻找恰当时机效果更佳。

因此，合格的领导者，不会吝惜自己对下属的赞美。当下属表现出色时，会及时、恰当、有效地给予赞美。这样，受到赞美的下属就会心存感激，不仅会在工作上更加努力，还会在感情上与领导更进一步，有利于沟通。

“良言三冬暖，恶语六月寒”。一句赞美的话能够增强彼此之间的好感，给平凡的生活带来温暖和欢乐，滋润心灵，给予鼓舞，使其积极向上。

赞美下属不需要任何投入，只需要几句真心实意的话。领导者万万不可吝啬自己的语言，带着诚恳去赞美，能够加强人们之间的正常交往，有利于工作更加顺利进行。

赞美下属，让你的下属知道他的价值得到了肯定，激励他更好地完成自己的工作，在赞美中实现自己的价值。赞美下属是一种策略，帮助职员提高执行能力，让工作和事业更上一层楼。

巧借第三者，捧人捧得不着痕迹

赞美是一种智慧，也是一门学问。赞美的方式有很多种，其中在别人的面前赞美对方是最有效果的办法。

人总是希望别人认可自己，赞美自己。设想一下，假如你在无意之中听到别人赞赏你，想必你一定会很开心。但是假如别人当着你的面夸你，你不仅会觉得尴尬，还会感觉对方只是阿谀奉承并不是发自内心，通过传达的赞美之声为什么会更加好听呢？这是由于赞美的话从别人的嘴里说出来，增加了它的可信程度。

古时候，一个地方的县令，非常喜欢别人拍自己的马屁，他的下属们了解他的为人，所以县令每一次颁布新的法令以后都对他赞不绝口。起初，县令听到下属们的夸赞，都能开心很长时间。渐渐地，别人谄媚的话说多了，而且总是那几个人翻来覆去的那几句话，县令开始变得膨胀起来，这些赞美的话并不能入他的耳。县令的一个下属非常聪明，他猜测到了县令的心思，他清楚现在的县令并不满足于一般的赞美了。所以为了让县令露出笑脸，他采取了新的办法。

一天，县令又颁布了一则新的法令。那个机灵的下属一反常态，没有面对着县令夸赞他，而是在其他下属的中间传播："只要是当官的人，大部分都喜欢别人的阿谀奉承，我们县令大人就不一样，他颁布政令为百姓做事，从来不把别人的称赞放在心上。"

这些话传到了县令的耳朵里，县令别提有多兴奋了。于是立刻传来了那位手下，激动不已地对他说："能真正明白我的人，只有你一个！真是太好了！"

从此以后，这位机灵的手下，就受到了他的提拔和重用。

这个下属巧借第三者，最终达到了讨好县令的目的。显而易见，在背后夸赞别人要比当面赞美的效果好得多。

苏琰是个善于交际的人，朋友非常多，公司的同事喜欢跟她相处，就连领导也十分看重她。原因是她办事从来不用自己直接说，而是通过别人的转述来完成事情。一次，公司新加入了一位同事田橙橙，很巧的是，她和苏琰上下班正好顺路，于是两个人熟络了以后就相约着一起上班下班。

两个人下班的路上有说有笑地聊着天，苏琰更是热情地介绍着公司的人和事，好让田橙橙尽快适应新的环境。这当中苏琰提得最多的就是她俩的直接上级艾拉姐。

“我们部门本来是领导最不满意的部门，但是自打艾拉姐做了我们部门的主管之后，我们的部门就开始逆袭了。艾拉姐是个非常有能力的人，并且非常能吃苦，所以她经手的每一件项目都是堪称完美的。我们部门的同事看到了艾拉姐的干劲，都受到了感染，所以才会转变这么大。还有别小看艾拉姐平常这么严肃，平常部门团建她可活泼了，简直就是判若两人！还是 KTV 里的麦霸！在我们眼里，她就是无所不能的。”

一次，艾拉组织他们部门团建，吃完饭去唱歌的时候，田橙橙看到艾拉姐非常开心的样子，就过去对她说：“艾拉姐，原来你唱歌真的这么好听！”艾拉听到以后，不解地问：“什么叫原来？”田橙橙回答说：“是这样的，苏琰姐私底下经常跟我说您唱歌非常棒，说您不仅工作方面厉害，几乎还是全能呢，当时我还半信半疑，这下我可真的相信了，我和苏琰姐一样，非常崇拜您，都是您的粉丝！”

艾拉听完这番话，看向苏琰，两个人会心地笑了一下。从此之后，在工作中，艾拉更加照顾苏琰了。

有时候为了升职加薪，赞美领导，投其所好确实是很多人常用的方式，但到头来得到的却是“马屁精”的称号，不仅同事会嘲笑你讨好上司，就连领导他们也会觉得你不务实，只会投机取巧。因此，苏琰借别人之口去赞美领导的方法，非常值得我们学习。如此一来，这样既能讨上司的青睐，还不会落得个溜须拍马的下场。

巧借第三者的方法虽然好用，但还是有一些问题需要注意，下面我们来看一下：

1. 减少中间渠道

现实情况是这样的，假如我们正在和别人夸赞他人，这时候刚好有人经过听到，这样的话，我们所说的意思被别人误解的可能性就会很小。因此，我们可以尝试着去制造这种“巧合”。在对方经过我们身边的时候，就要和在场的其他人谈论这个人的优点，尽量地去赞美他。如果不能制造这样一个“巧合”，中间渠道就要尽可能地少，以免因为传来传去，内容被曲解。

2. 夸赞内容力求具体、真实

很多时候我们称赞别人说：“XX 真的是特别有能力”“XX 非常友善”“XX 是一位好上司”，虽然听起来是在赞美对方，内容仔细推敲却比较空洞，好像是在敷衍。这种话即便通过第三人之口说出来，作用也不大。因此，我们在称赞别人的时候尽量要具体化，最好结合平常和他相处的具体事例，来体现这个人的脾气秉性。这样的话，不仅免于落了俗套，别人还能体会到你的真诚和用心。

3. 用词简单明了

想要避免信息的不完整性，就要使用简洁清晰的措辞去夸赞别人。想要我们的夸赞增加真实性，虽然把事实具体化是好办法，但是，他人在转述信息的时候一般会传达自己最容易记住的一部分。因此，我们在说的时候就要挑重点的内容去说，必须是最容易被对方记住的内容，务必简洁明了。

在我们的身边，能把这种方法派上用场的地方数不胜数，如果你有好好运用，一定会让你在社交活动中如鱼得水。

“说话”大课堂

想要更为巧妙地赞美他人，可参考以下几种方法：

1. 对比性的赞美。

对比性的赞美就是把被赞美的事物与其他事物进行对比，以突显其所长。例如“比××更……”“在××中最……”等句式。俗话说得好，有比较才有鉴别。对比性赞美给人一种很直观的感受，但也正因这一点，如果换一个角度再来看的话，它也会产生负面影响，以至于造成人际关系的矛盾。所以在比较时我们尽可能用赞美来代替贬低。

两个学生各持一幅自己所画的画向老师请教。如果老师对甲说：“你画得比不上乙。”乙可能有些得意，但甲就会大受打击。所以不如对乙说：“你画得比甲还要精巧。”乙势必会很开心，而甲也不至于太失望。

2. 断语性的赞美。

断语性的赞美就是对被赞美者的一种称道，也就是一个概括性的好评。当然在赞美时，你的目光要真诚，语气要恳切。其实肯定别人的工作成果就是一种赞美。不过由于这种赞美是较为全面的、概括性的评价，所以显得较为抽象，与赞美的具体性成对立面。而且也会让赞美者给他人一种居高临下的感觉，因此它往往需要和其他的方法综合起来使用。

3. 感受性的赞美。

感受性的赞美就是赞美者就赞美对象的某一闪光点表示出自己的欣赏。它突显了赞美的具体性，因为它表达的是赞美者发自内心的欣赏，是一种感受，并不受制于其他条条框框，所以这种形式能完全施展赞美的优势。使用这种赞美方式要有两个步骤：一是找到被赞美者值得欣赏或肯定的优点；二是让被赞美者觉察到你对他的优点的欣赏或赞佩。这样，自然而然就完美发挥了赞美的作用，而且能让对方信服。

适度的赞美会使被赞美的人获得喜悦或者自信，而过度、不着边际的恭维或奉承，则会使对方反感、尴尬，结果事与愿违。

第六章 那些年，我们吃了多少不懂拒绝的亏

▼

别让不好意思拒绝害了你

“不”这个字写起来容易，读起来也不难，但想要在与人相处之时顺畅地告诉对方，却有些困难。有些人甚至由于不好意思或情势所迫等没有说出“不”字，而陷入了痛苦的深渊。

当一个几乎没有什么信誉度的熟人，声称自己有急事，让你一定要借给他一些钱，而你心里十分清楚，将钱借给他其实就是送给他，完全不能指望他会归还；一个很好的朋友推销保险推销到了你身上，而你明知道这一次答应了他，下一次他肯定还会来找你……

不好意思说出“不”字，往往就会让对方产生你很好说话的印象，而后得寸进尺，一次一次地来找你。更麻烦的是，一旦你答应了一次，那么“不”字就会离你越来越远，也越来越难以道出，而一旦说出了“不”字，往往就会深深地伤害双方的感情。

那么，你应该怎样处理呢？记住，你不是万能的神，不是所有事物都会顺着你的意志而改变，倘若只是一件小事，能轻松解决，你当然可以帮个忙。但是倘若有为难之处，不能处理，那么你就要将你的难处清清楚楚地告诉对方，如果轻易答应了自己不想、不应、不必、无法处理的事情，结果却没有处理好，这会让双方都更加难堪。有鉴于此，该说“不”时，我们就应当勇敢地说“不”，别让不好意思害了你。

万芳刚从大学毕业就来到了某重点中学工作，恰巧此时市教委要从这个学校抽调一名老师来实地考察其他中学，并撰写考察报告。学校考虑到当下各位老师都比较繁忙，只有万芳新入校还没有进行具体的安排，于是就要派她前往。得知此事后，万芳感到有些难，她觉得自己还没有正式步入工作，不仅对本市中学的基本教育情况缺乏认识，而且是对教育工作本身也不够了解。因此她完全不想接手此事，可是校长都亲自找自己谈了这件事，总不能还没正式上班就先拒绝领导，于是只好咬着牙去做了。

一个月的时间悄然流去，其他人都已经交上了自己所分到的学校的考察报告，只有万芳由于缺乏相关经验，连自己需要考察的三个中学的基本情况都没有掌握清楚，具体分析更是无从谈起了。市教委主任对此事十分生气，斥责校长不会选人。万芳听说后羞愧万分，再加上工作完不成着急上火，一下子就病倒了，一直修养了两个星期才有好转。

由于一开始时不好意思拒绝，万芳最终陷入了困境，弄得身心俱疲，也让人对她产生了不好的印象。这是一个值得牢记的教训。

如果领导委派你做某事，你觉得这是领导给你的任务而不好意思拒绝，或是害怕拒绝会导致领导对自己产生不满，因而答应下来，那么，你今后的处境可能会变得更加艰难。因此，承接事情要量力而行，如果觉得自己难以胜任某事，就要鼓起勇气如实道出自己的难处，拒绝对方，并争取对方的谅解。这样，你才能真正做好自己的事情。否则，将来你一定会因此而焦头烂额。

耀辉的舅舅在某家石油厂担任厂长。耀辉和朋友商讨合作开办加油站的事情时，想到了舅舅的职业，便打起了主意，想让舅舅以成本价卖给他们一些油，这样就能省下一部分资金了。于是，他赶紧找舅舅说了这件事。

听了耀辉的请求，舅父诚恳地说："耀辉啊，我是厂长这没错，我打个招呼你就能以成本价买到一些油这也没错。但我不能为你破这个例啊，这个厂子属于国家，属于集体，而不属于我自己。我只能负责经营，没有权利去走后门。想必你也不想看我走上了错误的道路吧？平时的生活中如果有什么你自己难以解决的难题，舅舅肯定会全力以赴地帮助你，但是你提的这个请求我不能同意，我不能以权谋私呀！”

听完舅舅恳切的话语，耀辉没有试图再说些什么。自那以后，他再也没有向舅舅提出过类似的请求了。

许多人可能是碍于面子，不好意思拒绝他人的请求，结果答应的事没做好，自己的事情也是一团乱麻，既导致了对方的难堪，也害了自己。这样的话，还不如当时拒绝对方。

当别人来寻求你的帮助时，倘若你发自内心地愿意帮助他，相信事后你也不会后悔你的决定；但倘若你从心底里抵触这件事，只是不好意思开口，那么就不要勉强自己，一旦你勉强了自己，就会感到烦躁，只能每天活在“当时为什么不拒绝”的悔恨当中。可能你自己其实没有什么实质上的损失，但由于它违背了你的意愿，这件事就成了你的负担。

我们一定要勇于说“不”，学会拒绝，如果你总是因为不好意思而答应别人，别人就会永无止境地向你提要求。你慢慢发现，你要处理的事情好像永远都没有尽头。为什么其他人谈恋爱都能享受对方的温暖，而你偏偏就得给人当妈？为什么其他人都能当甩手掌柜，而你偏偏要扛起所有的事情？道理就是这样，学会拒绝，就能轻松一些。不好意思拒绝，就只能当别人的保姆。

不要成全了别人，委屈了自己，懂得拒绝他人，也尊重他人的拒绝。勇于拒绝，别让不好意思害了你。

▼

拒绝并不可怕，可怕的是没有找对办法

人人都有参加社会交际的需求，但是人的精力是有限的，对于有些不感兴趣的交际活动，果断地拒绝才是正确的选择。但是，对于有些“拒绝恐惧症”的人来说却不那么简单。他们对别人几乎“有求必应”，即使再不情愿，也会硬着头皮去做客、参加活动……关键就是他们不懂拒绝的技巧。的确，不适当的拒绝很可能让我们失去朋友、丧失机会。正因为如此，拒绝才成为一门学问。

阿明刚到一家新公司，他的踏实和认真让同事们对他颇有好感。但是他的一个习惯让大家琢磨不透：不管大家提出什么要求，他几乎全部无条件答应，就算跟他毫无关系也是如此。最夸张的是，有一位同事开玩笑说请他在周末帮忙洗下衣服，结果他第二天竟然真的带着一个收纳箱来上班了，原来他觉得那位同事真的会将脏衣服带来给他洗。这件事很

快传到他的直接领导那里，领导觉得很奇怪，于是将阿明叫到办公室，问他为什么要这样。阿明吞吞吐吐老半天才实话实说：“我当然也想拒绝，可是我不敢……在上一家公司，有一位老员工向我提出了不合理的要求，我当然不愿意，可能是我当时拒绝的语气让那位‘前辈’感到被冒犯，他竟然发动同事们集体孤立我……我有苦难言，最后实在待不下去了，只能自动辞职。我现在成了惊弓之鸟了，对于同事的要求，我会尽量不拒绝……”

领导好奇地问：“你当时真的冒犯了那位老员工吗？”阿明如实地还原了当时的情境：那天，阿明正忙着制作一份非常重要的报表，那位老员工对他说：“阿明，中午帮我带份饭！”阿明忙得焦头烂额，大声说道：“没工夫！你没看见我正忙吗！”老员工没有说什么，到了中午自己下去吃饭了。阿明也没多想，他实在太忙了，中午他根本没时间去吃饭，一直饿到了下午。没想到第二天开始，这位老员工就开始不断找他的茬，他不得不选择离职。

有一类人就是这样：他们并不是天生就不懂拒绝，而是因为曾经不恰当的拒绝引发了出乎他们意料之外的恶果，从此开始畏首畏尾，变得再也不敢说“不”。他们不是没有拒绝的能力，而是失去了拒绝的勇气。民间有一句话形容这类人：“一朝被蛇咬，十年怕井绳。”他们害怕拒绝会招致别人的敌意，从而给自己带来意想不到的麻烦。但事实上，这种“拒绝恐惧症”并不等同于自卑与怯懦，只要找到合适的方法，就会发现拒绝并不难！

拒绝别人，想要不被敌视，必须避免急躁，以免给对方留下非常不好的印象。如果不说明拒绝的原因，而且拒绝的口吻又显得较为严厉，在对方看来这就是对他发起了攻击，对方自然会予以还击。所以，人人都需要掌握一些拒绝的技巧，从而有效地说“不”。

1. 放下手中的工作，直视对方

拒绝别人，并不是说句话这么简单，你的身体语言和眼神也是同样重要的。如果你在对别人的要求一口回绝的同时，还在忙着自己的事情，会让对方觉得你完全不尊重他，从而产生敌意。此时，在拒绝时不仅要停下手头的事，眼睛还要直视着对方，让对方知道你的拒绝是经过思考的结果。如果眼神左顾右盼，也会让对方觉得你在敷衍，自尊心也会受到伤害。

2. 用肯定的方式说“不”

拒绝时，要用真诚的态度来传达你要表达的信息，一定要避免引起对方的误会。例如，朋友向你借钱时，你如果实在无法借给他，拒绝时需要先肯定对方的情况：“我知道你最近确实急需用钱，否则也不会开这个口。”然后，你要简短地说出自己拒绝的原因：“但是，你也知道，我最近的开销真的太大了，差不多是捉襟见肘的状况了，眼前我真的没办法帮你，请你体谅一下吧。”必要的时候，你还可以将手搭在对方的肩上，让朋友感受到你的真诚。

3. 拒绝引起误会后必须及时道歉

当我们拒绝对方之后，要注意对方的态度，如果引起了不满，绝对不能毫无表示，否则的话肯定会火上浇油。尤其是在拒绝时不小心出现态度生硬等问题后，必须第一时间与对方进行沟通，仔细地说明原因，让对方理解自己当时的心态。

4. 提高自己的修养，控制自己的情绪

很多人之所以在拒绝别人时态度不好，是因为他们日常生活中脾气就相对比较急躁。所以，为了避免得罪人，必须从源头上做起，那就是：提高个人修养。这样一来，无论什么情况下与人交流都不会用过于生硬的语气了，也就少了很多麻烦。提高修养的方法很多，可以多看书、多参加一些有意义的活动、注意学习其他人的交流方式等。此外，还要学会一定的控制情绪的方法。无论遇到什么事，首先保持内心

的平静，即便面对一些不合理的要求，也要在心里默默地克制自己，比如先默数三个数再开口，到情绪稳定一些后再进行拒绝。

总之，为人处世之中，总有一些需要拒绝的事，所以学会一些拒绝的技巧是很重要的。

感谢说在拒绝前

林克只是一家小公司的老板，但在业内名气却很大，大家都觉得他很会说话，即使遭到他的拒绝，也不会让人觉得不舒服。正因如此，林克有不少好朋友。

有一次，一个刚结婚不久的朋友给林克打来电话，原来他的新房需要装修，于是想让林克帮忙找个认识的开装修公司的朋友，这样既靠谱，又能够省下一些装修费用。当时，林克在电话里让对方给自己一点儿时间。挂下电话之后，林克知道自己帮不了这个忙，第二天中午，他专门将那位朋友约到茶楼，坦诚地说：“真的过意不去，我对装修行业很陌生，昨天考虑半天，觉得真是帮不上这个忙。但是，我非常感谢你能看重我，连装修这样重要的事都能想到我，说明你真拿我当朋友了！我以茶代酒，谢谢你！”

朋友听到这番话，反而不好意思起来，连忙说：“林哥，你真是太客气了！这事还要怪我欠考虑了！”

林克放下杯子，说：“虽然我真的帮不上你的忙，但是小张（两人的一位共同的朋友）家不久前也装修了，你可以多向几家装修公司要一下报价，让他帮你看看价格，免得你吃亏！”

听到林克这样说，朋友更加佩服他了。一次可能引起朋友不快的小小“风波”，就这样完满地解决了。“谢谢”两个字，是迅速拉近彼此关系的“咒语”。正如故事中的林克，他在拒绝之前先对朋友的信任表示了感谢，这样对方不仅不会对他的拒绝产生不快，甚至还心生感激。这不仅化解了拒绝产生的尴尬，还加深了两人的感情。

拒绝这件事，在一些人眼里本身就是一种伤害。倘若拒绝时话再说得不得体，很有可能引发双方的矛盾。而“谢谢”这个能够提升好感、化敌为友、抚平心灵创伤、提高自尊心的神奇字眼如果能够融进拒绝之中，很可能会起到“化干戈为玉帛”的奇妙反应。这样的拒绝，就会像裹了糖衣的药丸一样，包裹住拒绝原本带有的苦涩，听到的人也不会再感到刺耳了。

当然，拒绝前的感谢，并不是“谢谢”两个字这么简单。

1. 直抒情怀

拒绝彼此比较熟悉的人时，可以在拒绝的同时就说：“虽然我在这件事上没能为你提供帮助，但是我还是感谢你能够想到我，因为这是你信任我的表现。”这种语言，尊重了对方也尊重了自己。

2. 通过文字表达谢意

如果不习惯通过语言直抒情怀，也可以借助文字将自己的谢意传达给对方，例如通过电子邮件等，但是注意措辞必须诚恳，让对方感受到你的真诚。

3. 借物表示感激

如果朋友在咖啡屋、饭店、茶馆等场合向你提出请求，你虽然没能答应对方的请求，但你还是可以表示感谢，例如你可以这样说：“很谢谢你的咖啡（饭、茶），非常香醇，让我很难忘。”这种借物表示感激的方法很实用，能冲淡拒绝造成的双方的心理阴影。

4. 送份礼物

如果你的拒绝涉及的事情比较大，很多时候有必要在口头感谢的同时送上一份礼物，尤其是求助人社会地位较高时，更需要用这样的方式维系住双方的关系。例如，求助人是一名企业家，那么拒绝对方后不妨找个合适的机会送上一份对方喜欢的礼物，像是船舶模型、精品烟斗之类。对方接收礼物之后，最好打去一个电话：“某总，您能想到我简直让我受宠若惊，但是的确超过了我的能力范围，真的帮不上忙。我听说您喜欢收集，这个船舶模型就当是赔个罪，请务必收下。”这样，想必对方不会再怪罪你，彼此的关系也不会因此中断了。

感谢在拒绝前，这样的拒绝既不会生硬，也不会让对方因为被拒绝而心生不快，进而冷静下来考虑你的难处。

▼

拒绝示爱，也可以不伤人

甜蜜的爱情是绝大部分人所向往的，身处于甜蜜爱情中的情侣也是沉迷在爱情的魅力中的。爱你的人恰巧是你爱的人，这当然是一件十分幸福的事情；但倘若爱你的人并不是你所期盼的那个“他”或“她”，或是你对对方完全没有感觉，甚至有些抵触，那么被爱就不是一种那么幸福的事情了，你可能会因此而反感对方，甚至感到痛苦，这份本不应该出现在你生活中的爱就成了压在你精神上的一座大山。

别人爱慕你，向你示爱，本无可非议；而你不接受，拒绝对方的示爱，更是没有任何问题。那么为什么很多人因此而造成了很大伤害？其中的关键就在于拒绝的方式是否恰当。如果你的拒绝方式恰如其分，那么既照顾了对方的面子，也为自己免去了许多后续的烦恼。如果你没有采用妥善的方式，没有将拒绝的话说得恰到好处，那么你不仅会伤害对方，甚至有可能会给自己招来无尽的烦恼。

芊芊对文睿一见倾心，于是开始疯狂地追求对方。由于芊芊的追求过于紧迫逼人，再加上她也并不是文睿喜欢的那种女孩儿。于是，他便找机会约芊芊一起吃饭，想要拒绝对方。他是这样对芊芊说的："芊芊，我知道你很喜欢我，但是我要向你坦白，我其实早已有想要共度一生的人。你是个很好的女孩，个性开朗，落落大方，喜欢你的男生也有很多，相信你以后肯定会遇到你的真命天子的。"

"落花有意，流水无情"。当你无意接受对方的爱时，应当以认真、诚恳、友善的态度拒绝对方，让对方既感受到你坚定的拒绝之意，又不会破坏双方原本良好的关系。故事中的文睿先真诚地赞扬了对方，再以诚恳、善意的态度明确地回绝了对方，在没有破坏双方关系的基础上，解决了问题。

美丽可爱的欣雨迫于妈妈的"威胁"而去与小伙子张鑫相亲了。见过一次面后，欣雨觉得张鑫不符合自己对未来爱人的基本要求，便产生了拒绝后续发展的想法，但还没有告诉对方。不过，出乎意料的是，这个小伙子第二天竟然特意跑到欣雨的公司去找她，俨然一副男朋友接女朋友下班的样子。

欣雨只好对他说："不好意思，公司现在事情比较多，我还要加班，确实没有时间和你聊天，你还是先回去吧！"可是，等欣雨忙完了工作，打算回家时，却发现张鑫还在公司门口徘徊，没有离开。于是欣雨突然想到了一个主意，她转身去买了一小瓶泡泡水，交给了他，然后又略微客套了几句便离开了。张鑫起初一头雾水，不知道欣雨为什么给了自己一瓶泡泡水，后来，他明白过来了。原来欣雨是借物喻人，借着吹出来的泡泡很快就会消散这个的特点，拒绝了这种镜花水月般的爱情。

在拒绝别人的示爱时，应当注意态度，谨慎用词，尤其要维护好对方的尊严。例如，赵女士说起自己拒绝对方的示爱时，称她是这样告诉对方的：“对不起，我们不合适，你今后肯定能遇到更好的女生。”另外，她反复强调，千万不要以“你没车没房，长得还难看”这类带有贬义的语言来拒绝。虽然无法答应对方的追求，但是也不能肆无忌惮地伤害对方，因为追求真爱本身并没有问题。

拒绝异性的追求是一件需要勇气与智慧的事情，如果太过直白、强硬，不在意拒绝的方式方法，通常会导致对方难以下台，甚至可能会使对方恼羞成怒，因爱生恨，这是最不值得的事情。拒绝对方的示爱本身就是一件伤人的事，怎样才能让这份伤害降到最低，在达到拒绝这一目的的同时而不会使对方因爱生恨呢？

1. 送上真诚的谢意

不管对方是直截了当地向你告白，还是含蓄地邀请一起看电影等，只要你并不打算接受对方，就一定不要忘了先送上真诚的谢意。因为真诚的感谢，可以让对方紧绷的神经得到一定的放松，不至于过于挫伤对方的自尊心，这样一来，即使被拒绝，大部分人也不会继续纠缠或者因此生恨。用以下这些话语来善意地拒绝是一个不错的选择：“非常感谢你的邀请，可是……”或者“谢谢你能欣赏我，可我……”

2. 借故推托以示拒绝

当某人采取较为委婉的方式来追求你，比如邀请你一起看电影、喝咖啡等，其实，这只是对方对你的试探，如果你直接接受了，那么对方便会认为能够对你进行进一步的追求了。面对这种情况，如果直接拒绝未免太过于不近人情，也会令对方感到难堪。此时，你可以想办法推托，如：“这阵子公司的事情实在太多了，我每天都要加班”或者“我也想去看电影，但是明天有一份非常重要的工作，我必须提前准备准备。”

3. 通过某些行为暗示对方

拒绝追求者送的所有礼物、尽量减少与他的碰面，相信大部分人都能理解你的暗示所表达的想法，也不会产生怨恨，甚至可能会因你的委婉而心生感激。

4. “对症下药”

有些人对某些拒绝方式有“抗药性”，想要让对方死心，就要“对症下药”，用对方认可的方式拒绝。例如，对于那种总是自作多情，喜欢死缠烂打的人，最适合的拒绝方式是不要留给对方半分机会，哪怕是帮你拿个东西之类的小事也要果断拒绝；对于对你格外关照却不善将感情说出口的“好男人”，最适合的方式是让他帮你看看你的新男友。

5. 拒绝对方的话不要到处说

在拒绝对方之后，千万不能到处炫耀。有些人由于虚荣心作祟，总是会向周围人炫耀：“你说他（她）傻不傻，我早就告诉他（她）我们不可能了，可他（她）还是总纠缠我。”“你不知道有多好笑，昨天某某向我告白的时候……”这些炫耀的话语通常会让对方既难过于被拒绝又失了面子，可能因而怀恨在心，而其他异性可能也会因而不敢向你示爱。

6. 止于拒绝，不要攻击

对方的弱点或缺陷可能是你拒绝对方的原因，但是你在拒绝时，千万不要攻击对方，以此来满足自己的优越感。特别是那些条件优越的人，要是直接说出“癞蛤蟆想吃天鹅肉”之类的话来一推了之，或是以不屑一顾等嘲弄、生硬的态度来拒绝，让人格外不舒服。

在爱情的道路上，你可能会遇到你认为不对的人时，这时你应该巧妙拒绝，这样才能在不伤害他人的同时成全自己，这样你今后的人生之路才能更加平坦。

▼

怎样对借钱的朋友说“不”

“借钱”是人际交往中的一个极其敏感的话题，特别是开口借钱的是你十分要好的朋友，而当下你又不方便或是不想借给他，那么，怎样拒绝就是一个难题了。

怎样拒绝才能赢得对方的理解，不会影响双方的情谊呢？这是一个考验语言智慧的问题。

1. 运用暗示，转移话题

大学毕业后，小刘和一位校友进了同一家公司。虽然他们分属不同的部门，但是私下里保持着良好的关系。

某天，这位校友邀请小刘到咖啡店小坐，而后支支吾吾地开口说要向他借三万块钱。

如果凑一凑其实是可以凑够的，但是借给他之后自己就没钱了，而且他也不想和校友在金钱上有所关联。怎么办？

于是，小刘采取了迂回的战术，开始说起其他事情来，而后又吐槽房租、物价太贵。校友明白小刘是委婉地拒绝了他，也就没有再提起这一话题。

直接、严肃的拒绝可能会伤害双方的感情，此时运用暗示、转移话题便是种良好的拒绝方法。不过要记得，即使是暗示也要温和而坚持地表明拒绝的含义，否则对方有可能会继续纠缠。

2. 陈述不便，说理拒绝

这天，冬冬高中的室友找上了冬冬。他极力渲染他们过去的情谊，希望冬冬能看在过去的感情上借给五千块钱做个小生意，并承诺只要一挣了钱马上就会还给冬冬。

冬冬知道他早已掉进了赌博的深渊，而且越陷越深，现在向自己借钱只是想筹集一笔赌资而已。于是，冬冬对他说："之前为了装修我就欠了一万多块钱的债了。这两年为了给我母亲看病又花了一大笔钱，实在不是我不帮你，确实是心有余而力不足啊。"

听了冬冬的这番话，那个借钱的人知道冬冬确实拿不出钱来，也就不再继续纠缠了。

你可能会遇到一些别有用心的人，他们以曾经的友谊等为理由，竭力渲染过去的感情，想要让你心甘情愿地掏出钱来。对这种人，你可以直接陈述你的不便，而后予以拒绝。

3. 以攻为守，反将一军

占据主动总是强于被动挨打。在有些情况下，对方可能还没有向你提出具体的要求，你便察觉到了对方想要借钱，这时，你不妨主动出击，采取“以攻为守”的方法，不给对方开口的机会。这样的拒绝可以做到丝毫不露痕迹。

沈先生人缘很好，处理人际关系很有一套。这天，沈先生的朋友来找沈先生聊天，话里话外总是说着最近手头有点儿紧，想要做点儿小买卖的事。沈先生知道，这钱一借出去基本上就要不回来了，但是直接拒绝又容易弄僵关系，怎么办呢？这时，他突然想到了一个好主意，对朋友说：“那真是太巧了！我最近正看上了一个不错的项目，价钱也合适，但对方非得让我一下子付全款。我怎么也没凑齐，正发愁呢，正好，你跟我合作吧，咱们一人出十几万，能拿下这个买卖。回头转手就能挣个五六万。你要是觉得不靠谱，就直接借我点儿，回头我再还你。”

对方一听到这话，自然就不会再说借钱的事了，可能还会懊恼自己走错门了呢！

4. 索债转移，吓退对方

这天，杨先生的朋友突然来拜访他，说是想做些生意，可是就差了一万块钱，杨先生不想借给他，就说：

“你来得还真巧，我之前干活的那家公司到现在还欠着我好几个月的工资呢！我这两天正琢磨着去要回来，你跟我一块儿去吧，要回来之后你直接拿走就行了。”

这位朋友一听脸色都变了，主动找了个理由离开了。

如果某人向你开口借钱，你又觉得直接回绝不太好的话，不妨尝试一下这种方法，不是你不借钱，只是给对方设置了一个前提条件，对方自然就会知难而退。这样，不仅让对方保全了面子，也让自己保住了口袋里的钱。

5. 拒绝对方，动之以情

借钱这件事是很常见的。要是一个平时和你的关系很一般，口碑也不太好的人向你借时，你该怎样拒绝呢？

直接生硬地回绝“没有”“找别人吧！”之类的话，可能让你从此多了一个敌人。

这时，声情并茂地哭穷是一个不错的办法。“老兄，你可真看得起我，我倒是想借给你，可是我也没钱啊。咱们这么好的关系，我就实话告诉你吧。我的工资每回还没等焐热乎，就全被我家那口子没收了，只留给我一点儿生活费。你看！”这时你要掏掏口袋，表示你说的是事实。不过要小心别翻到面额大的钞票，否则会让双方陷入尴尬境地。

看到你这副可怜兮兮的样子，对方便会产生一种平衡感。说不定他还会在心里默默地同情你：“唉，这小子看着光鲜亮丽的，没想到比我还穷，而且还是个‘妻管严’！”

不过，需要注意的是，以下三类话不宜在你拒绝对方借钱时说：

（1）模糊不清的话。

如，“过几天看看吧”“等我有钱了我马上借给你”“我再帮你想想其他办法”等，要记住，在借钱一类问题上，如果你决定拒绝对方，就一定要干脆、果断，拖泥带水只会伤害双方的关系。

（2）伤害他人的话。

对方可能真的遇到了极大的难处才向你开口的，你即使不借给对方，也不要恶语中伤，恶语相向真的非常伤人。

（3）转嫁给别人的话。

面对他人借钱的请求，如果你说出诸如“我是没有，不过我猜某某那里肯定有，他还挺有钱的”一类的话，虽然会让自己得到解脱，但把烫手山芋扔给了别人。而且你这样说了之后，别人就不好拒绝了。这样一来，他会怎么看你呢？

因此，当朋友向你借钱而你又不想或是无法借给对方时，你一定要小心处理，力求双方不会因此而葬送珍贵的友谊。当然，那种因为你拿不出钱来而怨恨你，甚至想要报复的朋友，肚量太小而且心胸狭窄，这样的朋友不要反倒是一件好事。

朋友有难自当慷慨解囊，但是有时自己实在无法借钱给对方时，说好拒绝的话来争取对方的谅解，维护双方的友情，就需要一定的技巧了。

对无休无止的加班说“NO”

在职场中，加班是一个无法避免的问题，基本上所有的上班族都经历过加班。但是，如果加班已经成了常态，甚至都要变成了“正常上班时间”，而你又不想加班，那么你一定要勇于维护自己正当的利益，对无休无止的加班说“NO”。不过，毕竟你还需要在公司中继续打拼，所以在说“NO”时也要注意态度和方法。

某天到了下班的时间，小郑刚要出门就被经理叫住了：“小郑，你先留一下，刚才有个重要的客户打电话过来，说一会儿要来看样品，你回头在办公室招待一下。”听了这话小郑有些不耐烦了，他对经理说：“怎么又来找我啊，每次负责处理这种事的都是我，经理啊，现在已经下班了，我也想有点儿私人时间，我现在已经三十多岁了，女朋友刚跟我分手，说是我实在太忙了，完全顾不上她。您就高抬贵手，放了我吧。”经理的脸一下子就拉了下来，但还是轻轻劝抚说：“咱们公司还是你更熟悉样品，你最好还是留下来。你这份工作就是这样，没有留住女朋友跟你的工作可没什么关系。”

见总经理还是抓着自己不放，小郑索性也冷下了脸来，说：“经理，反正我今天是真有事，确实不能留下来，你该怎么惩罚就怎么惩罚吧，我得走了。”说完，小郑就大步离开了，只有经理目瞪口呆地站在那里。

小郑的拒绝完全不讲策略，只是在生硬的拒绝，即使真的有非去不可的事情，也不应该以这样的态度跟领导讲话。这样不仅无法取得领导谅解，反而会让领导认为你不服从命令、不在乎集体。

很多人对于领导提出的无休无止的加班这类不合理要求，都会碍于情面而违心地答应下来。但是，由于不是自愿的，所以又不免会带上一些不良的情绪，最后班虽然加了，却费力不讨好，让领导对自己产生了不好的印象。因此，我们应当懂得拒绝。当然，所有人都不喜欢被拒绝，因此在拒绝某项工作或任务时，千万不要像小郑那样机械、直接地说出“不”字，而是要巧妙应对。

冯经理总是喜欢将工作任务布置给小陈，小陈对此苦不堪言。这天，冯经理又要派给小陈任务的时候，小陈鼓了鼓勇气说：“冯经理，我现在已经有三个大项目、十个小项目了，时间实在是来不及啊。”冯经理一听，立刻着急了起来，说道："可是，只有你去做这个项目我才能放心啊。"小陈只好无可奈何地说："那好吧，我尽量把进度往前赶。"这话刚说完，小陈就后悔了。

小陈看了看冯经理的脸色，脑海中产生了一个大胆的想法，于是轻描淡写地对经理说："不过，要想在规定时间内完成，还要保证质量的话，最好能派给我几个帮手。"冯经理愣了愣，但随即笑着说："那我考虑考虑。"原来，小陈是这样想的，假如冯经理答应自己的要求，那就等于变相升了自己的职，自己的工作也有人分担了；就算没有答应，那经理以后也不好再给自己增加任务了。

果然，冯经理虽然没有同意给小陈增加助手，但也没有再分给他新的任务，而且还经常来关心小陈的工作情况。

小陈的拒绝方式无疑是十分巧妙而且有效的，他先诉说了自己的难处，得到了领导的体谅，再提出了进一步的要求，加深领导对此事的印象，促使领导多加考虑此事。当然，在拒绝的过程中，小陈照顾到了领导的颜面，使一个可能产生冲突的问题，变成了促进上下级关系的润滑剂。

在领导总是要求加班这件事上，你要认清自己究竟是主动加班还是被动加班。

倘若你是个工作狂，或是你所在的公司刚成立没多久，那么，你就继续加班吧，只要别太过劳累而伤了身体就行。

如果你已经在职场上打拼了很久，那你的确应该好好检讨检讨了。为什么总是你在加班，而别人都可以袖手旁观？加班没有补助，也不会升职加薪，做的却远远多于别人，凭什么？好说话不是听凭别人使唤的理由，永远不知道说“NO”肯定是你自己的问题。学会以恰当的方式跟老板谈“条件”，多些勇敢，多去争取自己应得的权益，这样才能让你的价值得到更好的展现。

这样下"逐客令"才更具人情味

子曰："有朋自远方来，不亦乐乎。"的确，能够有知己促膝长谈是十分美好的事情，也会可能对我们的人生之路有所帮助。宋代词人张孝祥在跟友人秉烛夜谈后，不禁感叹道："谁知对床语，胜读十年书。"但是，朋友的到来也并不都是令人愉悦的，甚至可能会产生完全不同的感觉：下班后，吃完了晚饭，你本打算安安静静地读读书或做些事，可那些不速之客却突然找上门来，让你烦不胜烦。你想下"逐客令"，可又怕伤双方的感情，不知如何是好。这时，运用巧妙的语言技巧，委婉地下"逐客令"就是最好的选择。

最近，阿海因为失恋心情很糟糕，便想去借酒消愁。于是他找到了发小阿常，想让他陪自己去。他独自来到了阿常家。阿常看到阿海来找自己，感到很惊讶，便问："你怎么跑来了？"

阿海说："我刚失恋，走，陪我去喝酒。"

阿常犹豫了犹豫，站在原地没有动。因为今晚他得赶出一个重要的方案，否则明天早上领导要的时候自己没法交代，所以完全没有时间出去。可是，他又不想让好朋友失望，更不放心让他独自去喝酒，一时间不知所措，所以只能停留在原地。

看到阿常的表现，阿海问道："怎么还不动啊？"阿常咬了咬牙，硬着头皮说："阿海，我现在有点儿事，咱们改天再去吧。"

阿海现在的状态本就特别敏感，听了阿常的话他一下子就生起了气来："我还以为能跟你好好说说话呢！你赶紧忙吧，我不干扰你了！"说完，他转身就气呼呼地离开了。

看到阿海的样子，阿常连忙焦急地喊了喊阿海，但是阿海已经不见了踪影。这天晚上，阿常完全没有办法安下心来工作，心里总是惦记着刚才的事情。结果，得罪了朋友，也没有处理好工作。

我们可能也遇到过类似的情况。当好朋友突然造访，而我们无暇顾及对方时，我们弄得手忙脚乱，忙中出错，以一种生硬的语气给朋友下了驱逐令，让朋友误会了自己，影响了原本稳固的友谊。

那么，怎样下"逐客令"才能既不会让对方觉得丢了面子，也不会让自己陷入尴尬呢？运用高明的语言技巧，讲究方式方法，将“逐客令”说得委婉动听，是最好的选择。

1. 主动出击，拒之门外

当一个很喜欢谈天说地的朋友只是因为想来找你聊聊而突然造访，且你也无暇或是不想接待他时，你不妨这样说：“今天家人要在家里工作，得保持绝对的安静，不太方便招待你，要不咱们去你家聊吧。”这样一来，对方会得知今天你家里不是很方便，大部分人都会理解你然后选择离开。

当然，这种方法只能偶尔为之，因为将朋友堵在门口与对方交谈，或多或少是有些不礼貌的。另外，这种方法也并不适用于特别要好的朋友，如果你对他们经常使用这种方法，那么对方就会认为你不重视他，心里会很不舒服。

2. 话外有音，意在言外

带有弦外之音、意外之旨的话是常用的委婉拒绝手法。

例如：“今天晚上我没什么事，咱们说到明天天亮都没问题。不过，我从明天开始就要集中精力写我的论文了，成败就在此一举了。”这话就是在暗暗地告诉对方：从明天起你就暂时别打扰我了。再比如：“最近我妻子病了，得早点儿休息。咱们说话的时候是不是要小点儿声？”这句话虽然用的是商量的口吻，却将你的想法非常明确地告诉给了对方：你的声音太大了，妨碍了女主人的休息，最近你还是少来为妙吧。

3. 寻找合理的理由

如果此时你的朋友已经在你家待了一阵子，而你又急于处理某些事情，此时你不妨用诚恳的态度和合理的理由，暗暗劝朋友离开："我现在得赶紧去做工作计划表了，要不咱们今天就先到这儿？唉，真希望这个计划表能一次性通过，你可不知道我们老板有多苛刻，要是一次没通过，以后的麻烦事儿就多了。唉，不知道今天晚上得熬到什么时候才能做完。回头通过了，咱们一定再好好聚聚！"

这样的话看上去像是在吐槽老板、抱怨工作，但其实你今天得加班的重点信息也已经传达给了对方。相信绝大部分人听完你的话，都会离开。

4. 以攻代守，寻求主动

对待每天定时定点到你家来找你闲聊的人还有一个好办法是：了解对方大约什么时候要来你家，然后在他来访前不久先到他家去拜访他。这时，你的身份就从主人变成了客人，你的立场也会转守为攻，什么时候离开也是你说了算了。等到这样的次数一多，他就不得不被你牢牢地粘在他家里，之前每晚一定到你家拜访的习惯想必用不了多久就会改变。

5. 巧用热情，劝退对方

如果拜访你家的是一位识大体的人，那么在下“逐客令”时不妨巧妙利用热情。例如，你可以以极为热情的态度招待他，端茶递水，送上水果，甚至留他在家吃饭。这种情况下，识大体的人大多都会觉得这样有些过于热情，进而觉得很不好意思，也就会坚定地拒绝邀请，而后主动离开。

当然，这种方法只适用于知进退、识大体的朋友，而对于那些大大咧咧、喜欢热闹的朋友来说，这样的方法不仅不能让对方主动离开，反而会导致他们顺着你的话赖在你家。

面对别人的骚扰，如果你选择奉陪到底，那么你就会让你最宝贵的时间，白白地被别人占据着，结果弄得自己的生活一团糟。鲁迅先生说：“无端的空耗别人的时间，无异于谋财害命。”相信每个珍惜时间的人都不会甘愿任由他人“谋财害命”。因此，能够以妥善的方法下“逐客令”，是拯救他人，也是拯救自己。